✣ 선대인 선대인경제연구소장

마케팅은 소비자의 호주머니를 노리는 잔기술이라고 생각하는 분들, 마케팅은 기업에게만 필요하다고 믿는 분들, 마케팅은 상당한 인력과 돈이 있어야만 가능하다고 여기는 분들, 이런 분들은 이 책을 꼭 읽어야 한다. 마케팅이란 고객에게 행복을 주는 기술이자, 작은 조직이나 개인도 알아야 할 필수교양이며, 무엇보다 마케팅은 어렵지 않다는 것을 보여주기 때문이다. 또 다른 비즈니스를 새로 시작하는 내가 이 책을 늘 곁에 두는 이유다.

✣ 조영탁 휴넷 대표이사

'북 스마트(Book Smart)'보단 '스트리트 스마트(Street Smart)'가 각광받는 시대다. 풍부한 실무와 컨설팅 경험을 통해 마케팅의 새로운 경지를 개척해가고 있는 안병민 대표의 『마케팅 리스타트』가 주목받는 이유다. 일상 속에서의 말랑말랑한 사례를 통해 전달되는 새로운 패러다임의 마케팅. 저자가 이야기하는 그 삶의 철학과 방법론에 모두가 흠뻑 젖어들 수 있기를 희망한다.

✣ 조우성 변호사 • 기업분쟁연구소 소장

차별화된 고객 마케팅을 고민하던 변호사들을 위해 다양한 강의를 통해 '마케팅 멘토'가 되어준 안병민 대표의 이 책은 컨설팅 서비스를 제공하는 전문직들이 반드시 숙지해야 할 내용으로 가득 차 있다. 이 땅의 모든 전문직들이여, 이 책으로 Re-Born 하고, Re-Start 하시길!

✣ 김동현 코웨이 대표이사

동일한 마케팅 이론을 적용한 수많은 제품과 서비스 중 소비자의 선택을 받는 제품과 서비스의 차이는 무엇일까? 책을 읽으면서 저자가 주장하는 '마케팅은 삶'이라는 프레임이 바로 그 해답을 찾는 출발점임을 확인했다. 마케팅 이론을 씨줄로, 저자의 실전 경험을 날줄로 엮은 이 책을 통해 더 나은 제품과 더 나은 서비스로 더 나은 세상을 만들고자 하는 이 땅의 마케터들이 큰 영감을 얻기를 바란다.

✣ 신창연 여행박사 창업주

인생이든 사업이든 '재미'를 최고의 가치로 여기는 나는 '마케팅은 삶'이라는 저자의 말에 적극 동의한다. 마케팅은 교수의 강의나 책에서만 만나는 게 아니라 내 일상의 어디서든 친근하게 만나는 재미있는 친구다. 다양한 책과 강의를 접하고 많은 유명인들을 만나봤지만 대부분 그들의 글과 말과는 너무도 판이한 삶을 살고 있어 적잖게 실망하던 차였다. 그때 만난 안병민 대표의 평소 삶과 철학 그 자체를 생활 속 마케팅으로 깔끔하고 맛깔나게 정리한 이 책은 한동안 내 인생의 동반자가 될 것 같다.

❖ 오종철 소통테이너

우리 삶 자체가 마케팅이며 마케팅이 곧 삶이다. 보통마케터 안병민은 그의 삶 자체로 마케팅이 무엇인지 보다 쉽고 친근하게 보여주고 있다. 보통마케터 안병민이 쓴 이 책은, 그래서 보통이 아니다.

❖ 이영석 총각네 야채가게 대표

'뽀로로' 김일호 대표님을 처음 만났을 때 "뽀로로 성공 요인이 무엇입니까?" 하고 물었다. 한마디로 답해주셨다. "고객의 눈높이에 맞추었습니다." 세상에 수많은 마케터들이 있다. 하지만 마케팅을 이렇게 쉽고 편안하게 풀어줄 수 있는 마케터는 많지 않다. 독자의 눈높이에 맞춘 마케팅 책을 원한다면 답은 바로 이 책 『마케팅 리스타트』다.

❖ 김정현 소셜벤처 딜라이트 • 우주 창업주

『마케팅 리스타트』는 우리 일상에 녹아 있는 마케팅 이야기를 친절하고도 성실히 풀어내며 '삶이 마케팅'이라는 명제를 '참'으로 증명한다. 마케팅에 대한 오해로 힘들었을 독자는 든든한 아군을, 마케팅을 멀게만 느꼈을 독자는 친근한 안내자를 얻게 될 것이다. 이 책은 우리를 단번에 마케팅의 본질로 인도한다.

❖ 이성엽 아주대학교 교수 • 평생교육원장

표현하고자 하는 열망과 인정받고자 하는 갈망이란 인간은 물론 모든 존재하는 것의 본능이다. 저자는 유ㆍ무형 제품의 이러한 본능을 마케팅이란 프레임으로 촘촘히 풀어낸다. 마케팅은 고객을 행복하게 해주는 것 그러니 다른 말이 필요 없다. 글에 담긴 진정성을 보니 이 책 그리고 저자 자체가 바로 마케팅이다.

❖ 방대욱 다음세대재단 총괄이사

진정성을 마케팅의 본질로 보고 있는 저자의 생각이, 보다 즐겁고 행복한 세상을 만들고자 노력하는 비영리 영역의 활동과 맞닿아 있다. 에릭 홉스봄이 일갈했듯이 '세상은 스스로 좋아지지 않으니' 우리 모두는 보다 나은 세상을 위한 가치를 잘 팔아야 한다. 그 해답이 이 책에 고스란히 담겨 있다. 비영리 분야에서 마케팅을 고민하는 분께 이 책을 추천한다. 비영리 마케팅 리스타트!

❖ 조용노 파타고니아 코리아 대표이사

보통마케터를 자처하는 안병민 대표의 신간 『마케팅 리스타트』는 어렵게만 느껴지는 마케팅을 누구나 알기 쉽게 풀었을 뿐만 아니라 마케팅의 미래 방향성까지 제시했다는 측면에서 그 의미가 크다. 더구나 탁상공론이 아닌 저자의 풍부한 실무 경험을 바탕으로 쓴 책이기에 독자들의 깊은 공감을 가져올 것으로 확신한다. 마케팅 분야 종사자뿐 아니라 마케팅에 조금이라도 관심 있는 모든 분들께 일독을 권하는 이유다. 아무쪼록 이 책을 읽는 독자들께 진정성 마케팅에 대한 인식과 실행이 확산되는 계기가 되기를 기원한다.

보통마케터 안병민의
마케팅 리스타트
지금 다시 시작하는 마케팅 스터디

MARKETING
RESTART

보통마케터 안병민의

마케팅
리스타트

지금 다시 시작하는 마케팅 스터디

안병민 지음

책밥

3부 시장 리스타트!

마케팅은 어렵다? 아니다,
마케팅은 삶이다!

언제였을까? 기억도 가물가물하지만 처음 짬짜면을 보았을 때는 단지 좀 신기하다는 생각 말고는 특별한 기억이 없었다. '어떻게 이런 생각을 했을까?' 정도의 느낌? 그러나 마케팅이란 걸 업으로 삼게 되면서 이 짬짜면의 잔상은 흩어지지 않고 오히려 더 또렷이 내 머릿속에 각인되었다. 짜장면도 먹고 싶고 짬뽕도 먹고 싶은 고객의 욕구. 그렇다, 짬짜면은 고객의 욕구를 오롯이 읽어낸 마케팅적 결과물이었다. 마케팅은 기업들의 경영 현장에만 있는 것이 아니었다. 마케팅은 이미 우리 삶 구석구석을 비집고 들어와 있었다. 그런 관점에서 보니 모든 게 달라 보였다. 마케팅은 삶이었고, 삶은 마케팅이었다.

짬짜면 이야기로 이 책을 여는 이유는 마케팅에 대한 뿌리 깊은 오해들 때문이다. 실제로 많은 사람들이 마케팅에 대해 오해하고 있다. 그 첫 번째 오해가 '마케팅은 필요도 없는 물건을, 이른바 '뽐프질' 해서 사게 만드는 것'이라는 생각이다. 마케팅에 대한 부정적인 인식이다. 하지만 마케팅은 고객을 행복하게 해주는 활동이다. 이제는 3.0시장이기에 더욱 그러하다. 고객의 지갑을 열게 만드는 얄팍한 기술이나 테크닉이 아닌 고객을 행복하게 해주는 모든 활동들, 이것이 마케팅이다.

지금껏 마케팅은 오로지 고객의 지갑에 초점을 맞추었다. 판매 증가만이 지상 최대의 목표이자 지고지순한 사명이었다. 이른바 '고객만족' 도 매출을 위한 수단이었지 그 자체가 목적은 아니었다. 그런데 결코 변할 것 같지 않던 마케팅 환경이, 아니 우리네 삶이 바뀌었고 또 바뀌고 있다. 경천동지, 하늘을 놀라게 하고 땅을 움직이는 엄청난 변화. TGIF_{Twitter, Google, I-phone, Facebook}로 표현되는 인터넷과 소셜, 모바일이 가지고 온 격변이었다. 파편화되어 있던 고객들이 연결되면서 이제 기업은 고객의 눈을 피해 숨을 수도, 숨을 곳도 없다. '내 손안의 인터넷' 이 가지고 온 마케팅 환경의 혁명적 변화였다. 그렇기에 달라져야 했다, 그리고 달라졌다. 1.0, 2.0시장을 거쳐 이제 우린 필립 코틀러가 이야기한 3.0시장을 맞이하고 있다. 모든 것들이 투명하게 노출되는 3.0시장의 마케팅 전략 방향성을 오롯이 담아낸 한 단어는 '진정성' 이다. 화장으로 떡칠한 얼굴이 아니라 진정성을 담은 민낯에 고객은 마음을 연다.

두 번째 오해는 '마케팅은 나와는 상관없는 일' 이라는 인식과 태도다. 결론부터 말하자면 그렇지 않다. 마케팅은 마케팅을 업으로 하는 사람들만의 일이 아니다. 직업이 무엇이든 간에 무언가를 파는 세상이다. 다니엘 핑크의 신작 제목처럼 '파는 것이 인간' 인 셈이다. 그래서일까? 변호사, 의사, 회계사 등 이른바 전문가들이라 불리는 직업 분야에서도 마케팅 교육에 대한 수요가 늘어나고 있다. 심지어는 주부들까지도 마케

팅 개념과 전략을 바탕으로 가정 내 대소사를 고민하고 결정한다. '가정
도 경영'이라지 않는가. 이제 마케팅을 모르고서는 현재를 살아나가기에
힘이 부친다.

이처럼 자세히 뜯어보면 모든 것들이 마케팅으로 돌아가는 세상이다.
어찌 보면 내 이름이란 것도 나란 사람의 브랜드다. 그렇다면 나는 내 이
름이라는 나만의 '브랜드'를 가지고 내 삶의 '고객'들에게 나를 '마케팅'
하며 하루하루를 살고 있는 셈이다. 그것이 직업과 업종을 막론하고 누
구나 마케팅을 알아야 하는 이유다.

세 번째 오해, '마케팅은 어렵다'는 것이다. 물론 마케팅은 쉽지 않다.
하지만 그렇다고 해서 세계적 석학들이나 마케팅 천재들만 다룰 수 있는
분야도 아니다. 마케팅도 사람을 대상으로 하는 학문이자 개념이다. 그
렇기에 중요한 건 사람이다. 사람의 마음을 산다는 것, 신뢰를 쌓아나간
다는 것, 이런 것들이 다 마케팅의 범주에 들어간다. 어렵게만 보자면 한
도 끝도 없이 어렵겠지만 본질만 꿰뚫어보자면 이해 못 할 것도 없다. 전
체는 아니더라도 기본은 알아야 한다. 아니, 기본만 알면 된다. 자동차를
만들 수는 없지만 운전만 할 수 있으면 되는 것처럼 말이다.

지금껏 우리는 이런 마케팅을 교과서에만 나오는 어렵고 딱딱한 단어
와 개념들로 이해하고자 했다. 쉬울 리도, 재미있을 리도 없었다. 운전의
핵심만 제대로 익히고 연습하면 누구나가 운전면허를 따듯 마케팅도 결
코 어렵지 않다. 운전면허가 없으면 생활이 불편하듯 마케팅도 우리의
삶에 있어 필수 교양이다.

이젠 누구나가 알아야 할 삶의 교양, 마케팅! 단언컨대 어렵지 않다.

중요한 건 관심과 호기심이다.

마케팅에 대한 이런 오해들과의 전쟁을 선포하며 나름 잡아본 이 책의 뼈대는 다음과 같다.

1부 〈고객 리스타트!〉에서는 마케팅에 대한 새로운 관점의 정의와 그 어떤 마케팅 책에도 나오지 않는 마케팅의 살아 숨 쉬는 속성들에 대해 살펴본다. 그리고 실제 마케팅이 이루어지는 업무 현장에서의 마케팅 프로세스와 그 흐름에 따른 주요 개념들을 짚어본다.

2부 〈핵심개념 리스타트!〉에서는 마케팅에 대한, 그야말로 핵심적 개념들을 살펴본다. 리서치, 시장세분화, 타기팅, 포지셔닝, 그리고 브랜드와 차별화가 그것이다. 많이 들어본 단어들일 수 있지만 실제로 이 단어들이 갖고 있는 마케팅적 의미와 사례들을 톺아봄으로써 마케팅에 대한 전략적 본질을 꿰뚫을 수 있다. 평소 마케팅과 연결시킬 생각조차 못했던 내 주변의 다양한 사례들을 접함으로써 떠오르는 수많은 영감들은 덤이다.

3부 〈시장 리스타트!〉는 새로운 시장인 3.0시장에 대한 장이다. 이 장에서는 제품 판매의 1.0시장과 고객 만족의 2.0시장을 거쳐 영성의 감동을 지향하는 3.0시장의 개념과 주요 속성 그리고 성공 사례들을 살펴볼 것이다. 이를 통해 기존 시장의 통시적 변화와 '진정성'을 토대로 한 3.0시장에서의 마케팅 전략 방향성에 대해서도 짚어본다.

4부 〈진정성 리스타트!〉는 한걸음 더 내딛는다. 그동안 경영, 마케팅 현장에서 찾아보려야 찾아보기 힘들었던 3.0시장의 키워드 '진정성'에 주목한다. 이른바 '진정성의 경영학'이다. 이 진정성이란 개념이 우리 삶을 어떻게 바꿔놓고 있는지, 비즈니스 현장에는 어떻게 접목되고 있는지 풍부하고 입체적인 사례들을 통해 살펴보고 마케팅이란 것은 결국 삶과 사람을 대하는 철학임을 이해한다.

이 책은 이렇게 조금은 다른 각도에서의 마케팅에 대한 핵심적 개념과 변화 그리고 그 사례들을 4부에 걸쳐 살펴봄으로써 앞서 언급했던 마케팅에 대한 세 가지 오해들을 불식시키려는 책이다. 그래서 모든 게 리스타트, 즉 새 출발이다. 실제 많은 강의 현장에서 마케팅은 고객 행복이라는 개념을, 마케팅은 누구나 알아야 할 삶의 교양이라는 사실을, 마케팅은 얼마든지 쉽고 재미있게 배울 수 있는 것이라는 이야기를 해왔다. 그러자 많은 분들의 반응은 하나같이 "마케팅, 이런 거였어요?"였다. 지금껏 막연하게나마 알고 있던 마케팅에 대한 생각들이 완전히 잘못되어 있었음에 대한 안타까운 시인이자 새로운 마케팅의 세계를 접하게 된 기쁨이자 설렘의 표현이었다.

그래서 필자는 강의 현장에서의 그런 신선한 기쁨들을 책을 통해 더 많은 분들과 나누고 싶었다. 다행히도 좋은 분들께서 이 뜻에 흔쾌히 그리고 기꺼이 동참해 힘을 모아주셨다. 만삭의 몸으로도 이 책이 나오기까지 음으로 양으로 애써주신 책비 출판사의 조윤지 대표님과, 원고 작업이 다소 늘어질 때마다 친히 불러내어 맛있는 밥을 사주시며 응원해주신 출판기획사 엔터스코리아의 양원근 대표님과 김효선 기획자 님께 감사드린다. 마케팅의 '마' 자도 모르던 마케팅 무지렁이에게 마케팅의 참 세계를 보여주시고 이끌어주신 마케팅 선후배, 동료들도 이 책의 숨은 저자들이다. 그러나 뭐니 뭐니 해도 세상 빛을 보게 해주신 부모님과 여러모로 모자란 가장이지만 그래도 마케팅은 좀 하나 보다, 라고 애써 믿어주고 도와준 마눌님 주 여사와 사랑스러운 두 아이 선우, 시우에게도 감사의 인사를 전한다.(각종 시상식 수상 소감을 보며 저런 촌스러운 나열식의 감사 인사는 언제쯤 없어지려나, 혀를 끌끌 찼던 내 모습이 문득 민망해진다.)

각설하고,
단언컨대
마케팅은 고객을 행복하게 하는 것이고
마케팅은 누구나 알아야 할 삶의 교양이고
마케팅은 결코 어렵지 않다.

그리고
마케팅은 삶이다!!!

보통마케터 안병민이 독자님들에게 꼭 전해 드리고 싶은 마케팅에 대한 이야기다.

MARKETING
RESTART

1부

고객
리스타트!

1장

마케팅,
고객을
행복하게
하는 거라고?

:: 고속도로 휴게소, 목적지로 진화하다

차로 여행 혹은 출장을 다닐 때면 빠지지 않고 들르게 되는 곳이 있다. 바로 고속도로 휴게소다. 이 고속도로 휴게소의 연평균 매출은 얼마나 될까 하고 생각해본 적이 있다. 아무래도 음식 위주의 단품 판매이다 보니 객단가가 그리 높지 않아 큰 매출을 일으키기는 힘들겠다 싶었다. 그래서 데이터를 찾아보니 아니나 다를까 전국 고속도로 휴게소의 연평균 매출은 60억 수준이었다. 그런데 영동고속도로를 가다 보면 나오는 이천의 덕평 휴게소, 이곳의 2012년 한 해 매출이 500억을 넘어섰다. 다른 휴게소 매출의 8배를 상회하는 숫자다. 과연 덕평 휴게소의 비밀은 무엇일까?

이곳은 전국 고속도로 휴게소 중에서 최초로 의류 쇼핑몰을 휴게소에 입점시켰다. 의류 판매로만 한 해 300억 가까운 매출이 발생한다. 게다가 휴게소의 인테리어도 원목과 유리로 만들고 근사한 공원까지 조성해 놓으니 다른 휴게소와는 사뭇 다르다. 휴게소가 아니라 이국적인 노천카페 분위기다. 먼 길을 가다 잠시 쉬어가는 곳이 아니라 쇼핑하러, 산책하러 들르는 '목적지'가 되어버린 셈이다. 최근에는 애완견과 함께 즐거운 시간을 보낼 수 있는 '강아지 파크'도 문을 열었다. 다른 휴게소의 연 매출을 훌쩍 뛰어넘는 덕평 휴게소의 비밀은 여기에 있다. 고객 스스로도 잘 모르고 있던 그들의 필요를 찾아내어 해결해주는 것, 바로 '마케팅' 말이다.

:: 마케팅이 짬짜면인 이유는?

인문·사회·자연 분야를 막론하고 과학의 모든 분야가 그렇듯 시작점은 정의다. 경영과 마케팅도 마찬가지다. 그렇다면 마케팅이란 과연 무엇인가? 인터넷에서 검색해보니 이런 이미지가 나왔다. 어떤 물건이 50달러 일 때는 "음, 이건 별로야!" 했던 고객, 100달러에서 50달러로 세일한다고 하니 "어머, 이건 꼭 사야 돼"라고 말한다. 이게 마케팅이란다. 마케팅에 대한 또 하나의 이미지가 있다. 거실에 앉아 책을 읽고 있는 한 사람, 느닷없이 창 밖에서 벽돌이 날아들어 유리창이 와장창 깨진다. 이게 무슨 일인가 싶어 놀란 맘을 진정시키며 벽돌을 들어보니 '유리창 수리가 필요하십니까?' 란 글과 함께 전화번호가 적혀 있다. 이게 마케팅이란다. 글쎄, 여러분들은 얼마나 동의들 하실는지?

물론 이 만화들은 유머다. 하지만 그냥 웃어넘기기에는 마케팅에 대한 일반적인 인식들이 이런 것인가 싶어 조금은 씁쓸하다. 비단 마케팅을 천직으로 알고 살아가는 입장이어서가 아니다. 실제로 마케팅이 이럴 것이다, 라고 생각하는 사람은 비즈니스에서 성공할 수 없다. 마케팅에 대한 정의부터 잘못 생각하고 있기 때문이다.

네 컷짜리 '벽돌 만화'를 다시 들여다보자. 우스개 만화이긴 하지만 사실 이 네 컷 안에 마케팅의 중요한 본질이 숨어 있다. 마케팅은 고객의 힘든 일을 찾아서 해결해준다는 것, 그럼으로써 고객을 행복하게 만들어준다는 것. 이 만화에서는 고객에게 고통을 준 사람과 해결해주겠다는 사람이 같다. 유머 코드로서의 장치다. 하지만 그 코드를 통해 마케팅에

마케팅?

※ 마케팅의 정의? 마케팅에 대한 왜곡된 인식이 그대로 녹아 있다.

※※ 마케팅에 대한 또 다른 정의. 물론 네 컷짜리 유머 만화이긴 하지만 역시 마케팅에 대한 부정적인 인식이 투영되어 있다. 하지만 이 네 컷 만화 안에 마케팅의 본질이 숨어 있다.

※출처 참고

대한 개념을 정확하게 짚어낸다. 그렇다, 마케팅은 고객의 고민, 고충, 고통을 해결해줌으로써 그들을 행복하게 만드는 것이다.

마케팅

고객의 고통, 고민,
고충을 찾아
해결해줌으로써
그들을
행복하게 해주는 것

자, 그러면 한번 생각해보자. 우리가 그동안 살면서 고민스럽고 고통스러웠던 장면들을. 흔히 중국집이라고 불리는 중국 음식점이 떠오른다. 무슨 말이냐고? 짜장면 얘기다. 우리는 중국집에 갈 때마다 늘 고통스러웠다. 우리에게 주어진 영원한 숙제! '짜장면을 먹을 것인가, 짬뽕을 먹을 것인가?' 의 문제는 항상 우리를 갈등과 번민의 늪으로 내몰았다. 마이클 센델 교수가 이야기하는 '정의란 무엇인가?' 에 결코 밀리지 않는 화두다. 짜장면 혹은 짬뽕이라는 선택의 갈림길. 실로 지금껏 수십 년 동안 대한민국 모든 사람들의 오랜 고민이자 고통이었다. 그런데 말이다, 어디선가 나타난 짬짜면 전용 그릇이, 짬짜면이라는 메뉴가 이런 우리의 고민을 한 방에 해결해주었다. 짬뽕을 먹을까, 짜장면을 먹을까란 고민의 늪에서 허우적거리던 우리에게 짬짜면은 그야말로 복음이었다.

이런 맥락에서 보자면 또 하나, 인구에 회자되는 전설의 메뉴가 있다. 어젯밤에도 드셨을지 모를 그 메뉴는 바로 '양념 반 후라이드 반' 치킨이다. 짬짜면에서 영감을 얻었을 것 같은 이런 식의 메뉴는 이제 우리 도처에 즐비하다. 물냉면과 비빔냉면을 모두 즐기고 싶은 사람을 위한 그릇과 메뉴도 출시되었으며, 된장찌개와 김치찌개를 한 번에 먹고 싶던 우리의 고민도 해결되었다. 이른바 '물냉비냉' 과 '된치찌개' 의 출현이다. 그냥 웃자고 하는 소리가 결코 아니다.

선진포크라는 육가공업체에서는 얼마 전 '둘이 먹기 딱 좋은 반반팩' 이란 제품을 출시했다. 선진포크의 반반팩은 500g 단위로 판매하는 냉장육을 한 번에 먹지 못해 나머지는 냉동실에 넣어두어야 했거나, 각자 선호하는 부위가 달라 고민했던 가족 등을 타깃으로 삼았다. 한 번에 다양한 음식을 먹고 싶어 하는 소비자 심리와 핵가족 시대의 소비자 니즈를 반영한 아이디어 상품이다. 이 반반팩은 '삼겹살+목심' 팩과 '삼겹살+앞다리찌개' 팩, '삼겹살+항정살' 팩 세 종류가 있으며 한 부위당 200g, 총량 400g 단위로 구성돼 있어 2인이 딱 알맞게 먹을 수 있다. 한 가족임에도 선호하던 돼지고기 부위가 달랐거나 여러 종류의 부위를 먹고 싶어 하는 사람들에게는 훌륭한 대안이다. 짬짜면처럼 고객의 고통과 고민을 해결해주는 또 다른 사례다.

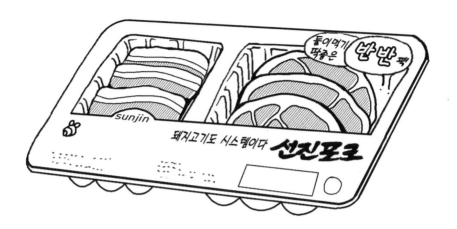

> 그렇다. 그래서 '마케팅은 짬짜면이다!' 결코 웃어
> 넘길 수만은 없는 마케팅의 정의다.

:: 진정성으로 발견하고 창의성으로 해결하라

최근 레저와 건강 열풍으로 거리는 온통 자전거 물결이다. 시원하게 불어오는 바람을 온몸으로 느끼며 페달을 밟는 그 기분은 맛있는 음식을 둘이 먹다 하나가 죽어도 모를 그 맛이다. 그런데 이런 바이크족들의 발목을 잡는 불안 요소가 있다. 바로 자전거 도난이다. 최근에 판매되는 자전거들은 가격도 만만치 않은 게 사실이다. 몇 달 벼르고 별러 마련한 값비싼 나의 애마가 하루아침에 종적을 감춘다는 건 심리적 상처와 함께 경제적 고통을 수반한다. 고객의 고민이자 고통이다. 그래서 독일의 콘래드란 회사에서는 이러한 고객의 고통을 해결하기 위해 새로운 자전거 파킹솔루션을 내놓았다. 이른바 '폴 클라이밍 록Pole Climbing Lock'이다. 거리의 기둥에 자물쇠를 채우고 자전거를 장착시킨 후 리모컨 버튼을 누르면 자전거가 기둥을 타고 올라간다. 허공에 매달린 자전거, 훔쳐 가려 해도 훔쳐 갈 수 없는 그림의 떡일 뿐이다. 비로소 고객의 고통이 말끔하게 해결되었다. 이런 게 바로 마케팅이다.

집집마다 하나씩, 아니 요즘은 하나 이상씩 안방이나 거실을 차지하고 있는 TV. 그 TV엔 리모컨이 딸려 있다. 지금 당장 그 리모컨을 들고 유심히 살펴보시라. 색색별로 가지런히 정돈되어 있는 수많은 버튼들 중에서 내가 사용하는 버튼은 과연 몇 개나 되는지를. 모르긴 몰라도 우리가 자주 쓰는 기능은 채널 전환과 음량 조절 정도일 것이다. 그 외의 버튼들은 솔직히 '무엇에 쓰는 물건인고?' 싶다. IT 기술이 발전하면서 어느 순간부터 우리의 TV 리모컨은 이렇게나 복잡해졌다. 조금 연세 드신 어

콘래드 자전거 클라이밍 록 광고.
'마케팅, 진정성으로 발견하고 창의성으로 해결하라' 라는 마케팅의 방법론을 잘
보여주는 광고다.

르신들은 TV 리모컨을 처음 잡으면 한동안은 리모컨을 들고 씨름을 해야
한다. 과연 누구를 위한 IT 기술이란 말인가? 고객의 불편이다. 그래서 삼
성전자는 '버튼 다이어트' 리모컨을 내놓았다. TV 리모컨뿐만 아니라 세
탁기, 디지털카메라 등도 버튼 수를 대폭 줄인 신모델을 내놓고 있다.

언젠가 과일을 사러 마트엘 들렀다. 딸기 코너 앞에 자그마한 입간판
이 하나 서 있었다. '속이 보이는 한단 딸기' 란다. 자세히 읽어보니 이렇
게 적혀 있다.

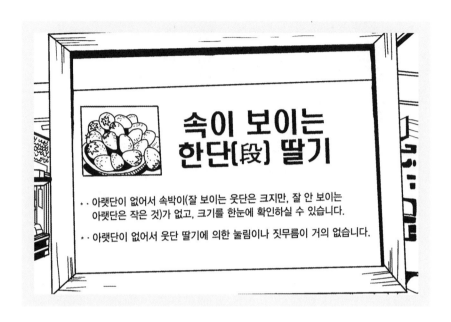

누구나 공감하는 일일 게다. 매장에서 보면 알도 굵고 싱싱한 과일들, 그래서 큰맘 먹고 한 박스 사서 집에 왔다. 그러나 이게 웬걸? 풀어보니 잘 보이는 웃단 과일들과는 달리 아래 깔려 있는 놈들은 성한 놈이 하나도 없다. 알도 작고 물러터진 게 태반이다. 이런 꼼수에 한 번이라도 당한 경험이 있는 고객이라면 과일 한 박스 사는 것도 불안하다. 그래서 나온 마트의 팻말 '속이 보이는 한단 딸기'. 무릎을 쳤다. 이 역시 고객의 불안을 해결해주는 마케팅 사례다.

한 편의 TV 광고를 살펴보자. 말쑥한 정장을 입은 남자가 Yes와 No로 끝없이 이어진 미로의 문 앞에 서 있다. 그때 흘러나오는 내레이션, "가입한 보험의 이름을 알고 있다". 그러자 No가 적힌 문으로 향하는 남자와 함께 오버랩되는 목소리. "정확한 보장 내용을 알고 있다", "매월 납

입하는 보험료를 알고 있다". 그때마다 남자는 No 쪽으로 향한다. 그리고 나오는 마지막 카피. "No라고 대답했다면 그것은 당신이 아닌 보험의 잘못. 필요 이상 복잡하고 어려웠던 대한민국 보험, 원점에서 시작한다"라는 음성이 자막으로 이어지며 끝이 난다. TV에서 자주 볼 수 있었던 현대라이프라는 보험회사의 광고다. 그렇다. 보험, 너무 어렵다. 보험료가

현대라이프 광고 미로 편.
현대라이프의 광고는 보험과 관련하여 고객이 힘들어하는 게 무엇인지 찾아내어 그 것을 해결해주겠다는 메시지를 담고 있다. 마케팅의 개념을 잘 보여주는 광고다.

※출처 참고

얼마인지, 보장 내용이 무엇인지 너무나 복잡한 상품과 어려운 약관 때문에 그냥 그러려니 하고 가입은 하지만 마음 한구석은 늘 찜찜하다. 적지 않은 돈을, 짧지 않은 기간 동안 내면서도 나중에 보면 보장되지 않는 것들은 뭐가 그리 많은지. 화가 나지만 어쩌랴, 약관에 다 쓰여 있었다는데. 고객의 고통이자 고충이다. 그런데 이런 어려움을 해결해주겠다니 눈길이 간다. 실제 현대라이프는 고객이 가장 많이 찾는 '핵심적'인 보장 내용을 중심으로 암보험, 어린이보험 등 누구나 쉽게 알 수 있는 '단순'하고 '규격화'된 보험상품들을 출시했다.

자, 조금 에둘러 왔다. 지금까지 많은 사람들이 마케팅에 대해 갖고 있던 잘못된 편견과 선입견에 묵직한 돌직구를 바로 던지자면 마케팅이란 '고객을 행복하게 해주는 것'이다. 고객의 불편한 점, 힘든 점, 어려운 점을 찾아 그 문제를 해결해줌으로써 고객을 행복하게 만드는 것, 이게 바로 마케팅의 본질이다. 많은 사람들이 즐겨 찾는 상품이나 서비스, 이른바 히트 상품들을 잘 살펴보면 모두 우리의 고통과 고민, 고충을 해결해주는 요소들을 갖고 있다. 마케팅을 하는 마케터가 고객의 친구이자 도우미가 되어야 하는 이유다.

고객을 사랑해야만 그들의 고통과 어려움이 보인다. 그들의 삶에 돋보기를 대고 무얼 힘들어하는지 애정과 관심을 가지고 세심히 들여다볼 때 그들의 고충이 눈에 들어온다. 마케팅은 '어떻게 하면 고객의 지갑을 열게 만들까?' 하는 얄팍한 테크닉이 아니다. 단언컨대 마케팅은 고객을 행복하게 해주는 것이다.

마케팅이란
'**고객을 행복하게 해주는 것**'이다.
고객의
불편한 점,
힘든 점,
어려운 점을 찾아
그걸 해결해줌으로써
고객을 행복하게 만드는 것이
마케팅의 본질이다.

:: 4P에서 4C로의 진화, 그 안에 고객이 있다

마케팅의 기본 요소로 네 개의 P, 4P를 든다. 상품Product, 가격Price, 유통Place, 프로모션Promotion이 그것이다. '상품'은 어떤 제품을 시장에 출시할 것인가의 문제다. 새로운 제품이나 서비스를 선보여야만 지속적인 고객 가치를 창출하고 매출을 올릴 수 있는 것이니 매우 중요한 요소다.

'가격'은 말 그대로 가격 설정의 이슈다. 비싼 가격을 책정해서 프리미엄 이미지를 가져갈 것인지, 저렴한 가격으로써 많은 사람들이 쓸 수 있는 대중적 이미지를 가져갈 것인지. 이 모든 게 '가격'과 관련한 전략적 선택지 중 하나다. 한때 유행했던 990원, 9,900원이란 가격도 이런 맥락에서의 전략적 판단의 결과다. 가격은 더 이상 원가에 적정 이익을 더하는 단순한 방법으로 책정되지 않는다. 가격도 전략이다.

'유통'도 빼놓을 수 없는 요소다. 우리의 제품을 백화점에 입점시킬지, 할인점에서 팔지, 아니면 오프라인에 자체적인 로드샵을 낼 것인지, 그것도 아니면 오프라인에서는 팔지 않고 온라인 쇼핑몰에서만 팔 것인지, 다양한 선택지들이 있다. 역시 예산과 브랜드 이미지 등 다양한 마케팅 변수들을 감안해서 섬세한 전략적 선택을 해야 하는 부분이다.

'프로모션'은 다시 네 가지로 나뉜다. '광고'와 'PR', 'SP'와 'PS'가 그것이다. '광고'는 우리가 하루에도 수천 개씩 접하게 되는 TV 광고, 신문 광고, 라디오 광고, 잡지 광고, 인터넷 광고들을 가리킨다. 어디 그뿐인가? 거리를 다니다 보면 접하게 되는 전단지와 간판 등 이 모든 것들이 모두 광고다. 'PR'은 퍼블릭 릴레이션즈Public Relations의 약자로 마케팅 주체가 대중(공중)과의 호의적인 관계를 위해 진행하는 모든 활동을 지칭한다. 좁게는 '언론매체에의 기사화'가 핵심이다. 'SP'는 세일즈 프로모션Sales Promotion의 약자로 판매를 촉진시키는 모든 활동을 의미한다. 누구를 타깃으로, 어떤 전략과 전술을 통해 매출을 제고할 것인가의 문제다. 판매 현장에서 할인쿠폰을 끼워 준다거나, 덤을 준다거나 하는 소소한 활동까지 모두 포함한다. 마지막으로 'PS'는 대인 판매Personal Selling를 가리킨다. 소비자와 직접 접촉할 필요가 있을 때 마케팅 담당자는 대인 판매 방식을 택한다. 판매 사원은 기업의 메시지를 각 구매자의 니즈와 상황에 맞춰 전달할 수 있으며, 상호 대면 접촉 과정에서 고객의 질문을 잘 처리할 수 있다. 정수기, 의약품, 백과사전, 복사기, 산업용품 등은 이런 '대인 판매'를 광범위하게 활용하는 분야의 제품들이다.

앞서 마케팅의 4P를 살펴보았다. 그런데 사실 이야기하고 싶은 건 그게 아니다. 이 네 개의 'P'가 이젠 네 개의 'C'로 바뀌었다는 것이 포인트다. '4P'에서 '4C'로의 변화다. '상품Product'은 '고객가치Customer Value'로 바뀌었다. 기업 입장에서 어떤 신제품을 출시하느냐가 중요한 게 아니라 고객 입장에서 어떤 가치가 있는 제품이냐가 더 중요해졌다는 말이다. '가격Price'은 '비용Cost' 개념으로 바뀌었다. 역시 기업 입장에서 가격을 얼마로 책정할까가 아니라 고객 입장에서 얼마만큼의 비용을 지불해야 하느냐의 관점이다. 그런 측면에서 '유통Place'은 '편리함Convenience'이다. 고객 입장에서는 백화점에서 팔든 할인점에서 팔든, 아니면 온라인 쇼핑몰에서 팔든 그건 그리 중요한 요소가 아니다. 중요한 건 내가 사려고 할 때 얼마나 편하게 구매할 수 있느냐다.

끝으로 '프로모션Promotion'은 '소통Communication'으로 바뀌었다. 고객에게 일방적으로 퍼부어지던 광고나 마케팅 캠페인이 아니라 고객은 이제 해당 브랜드 혹은 해당 기업과 상호 소통하기를 원한다. 쌍방향의 소통은 이제 프로모션의 핵심 요소가 된 것이다.

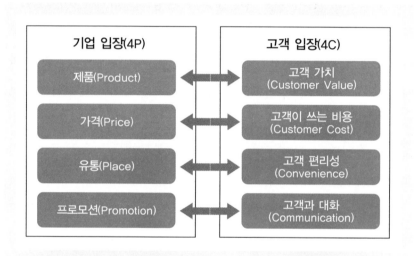

4P는 1960년대 초 미국의 마케팅 학자 제롬 매카시 교수가 제창한 개념이다. 판매자 입장에서 접근한 4P의 관점에 반해 고객의 입장에서 바라본 관점은 로버트 로터본 교수가 정의한 4C다. 이들 4P와 4C는 유기적으로 연결되어 있다.

이렇게 네 개의 P는 네 개의 C가 되었다. 그 변화의 한가운데 바로 고객이 있다. 4P가 기업 입장, 메이커의 입장이라면 4C는 고객의 입장, 소비자의 입장이다. 공급자 중심의 시장이 이제 수요자 중심으로, 기업 중심의 시장이 이제 고객 중심으로 변했고 또 변하고 있다. 이제 고객을 빼놓고는 마케팅을 이야기할 수 없게 된 배경이다. 고객 리스타트! 마케팅 리스타트는 이렇게 고객 개념으로부터의 새 출발에서 시작한다.

:: 마케팅, 오해하지 마세요

많은 분들과 마케팅에 관한 이야기를 나누다 보면 의외로 마케팅에 대한 오해를 갖고 계신 분들이 많다. 대표적인 오해가 '마케팅=판매'라는 것이다. 판매나 영업과 달리 마케팅이란 개념이 세상 빛을 본 시기가 아직 얼마 되지 않으니 그럴 법도 하다. 하지만 판매가 단순히 물건을 고객에게 파는 것에 한정된 의미를 갖고 있다면 마케팅의 의미는 그와는 다르다. 앞서도 이야기했듯이 마케팅은 고객의 고통, 고충, 고민을 찾아 그것을 해결해줌으로써 궁극적으로 고객을 행복하게 해주는 것이다. 그런 측면에서 경영 구루 피터 드러커의 말은 시사하는 바가 크다.

> 66 판매와 마케팅은 정반대이다. 같은 의미가 아닌 것은 물론 서로 보완적인 부분조차 없다. 어떤 형태의 판매는 필요하다. 그러나 마케팅의 목표는 판매를 불필요하게 만드는 것이다. 마케팅이 지향하는 것은 고객을 이해하고 제품과 서비스를 고객에 맞추어 저절로 팔리도록 하는 것이다. 99

어떻게 보면 지속적으로 잘 팔릴 수 있는 구조를 만들어 판매가 필요 없게끔 만드는 게 마케팅이라는 이야기다. 마케팅은 판매가 아니라 소비자의 충족되지 못한 욕구를 발견하고 그것을 충족시킬 방법을 마련하는 것이다. 물론 최근에는 판매나 영업도 장기적인 고객과의 관계를 중요시

한다. 한순간의 매출로써는 성공을 담보해내기가 힘들다는 것을 잘 알기 때문이다. 해서 전혀 다른 개념이었던 마케팅과 판매는 이제 고객 중심의 장기적인 관계 구축이란 측면에서 공통점을 가진다.

또 하나 잦은 오해 중의 하나는 마케팅은 마케팅 부서만의 일이라는 것이다. 강조하지만 이제 마케팅은 결코 마케팅팀이나 마케팅본부만의 업무가 아니다. 예를 들어보자. 내가 사용하고 있던 휴대폰이 고장 나서 해당 기업의 AS센터에 전화를 했다. 전화를 받는 직원이 매우 친절하게 응대한다. "이 회사, 고객 마인드가 남 다르네." 흐뭇함이 묻어나는 우호적인 고객 반응이다. 하지만 그 반대의 경우라면? "내가 이 회사 제품 다시 사나 봐라⋯." 이렇듯 전화를 받는 직원의 응대가 어떤가에 따라 해당 기업과 브랜드의 이미지가 완전히 달라진다. 뿐만 아니라 브랜드 선호도와 구매 의향까지 좌지우지한다. 이 고객 접점에서는 전화를 받는 상담원이 해당 기업과 브랜드의 마케터 역할을 하는 것이다. 고객 의견을 남기려 기업의 홈페이지에 들어갔는데 사이트에서 자꾸 오류가 나고 에러 메시지가 뜬다. 고객에게 짜증을 주는 요소다. 이 고객 접점에서의 마케터는 바로 홈페이지 개발 담당자나 웹마스터다.

이제 고객의 입장에서는 마케팅 담당 직원이냐 아니냐는 중요하지 않다. 그가 어떤 업무를 맡고 있든 그는 해당 기업의 직원인 것이다. 그러니 직접적이건 간접적이건 이제 고객과의 모든 접점에 있는 사람은 마케터인 셈이다. 이와 관련해서 휴렛팩커드의 공동설립자인 데이비드 팩커드의 말을 곱씹어볼 필요가 있다.

> **❝** 마케팅은 매우 매우 중요해서 마케팅 부서에만 맡겨
> 둘 수 없다. 기업이 세계에서 가장 훌륭한 마케팅 부
> 서를 보유할지라도 다른 부서들이 고객 이익에 부합
> 하는 데 실패하면 마케팅에서 여전히 실패한다. **❞**

마케팅은 이제 특정 부서만의 일이 아니다. 모든 조직원의 일이다. 전사(全社)적인 활동이다. 나도 이미 마케터임을, 내가 하는 일이 이미 마케팅임을 깨달아야 하는 건 그래서다.

∷ 마케팅은 '누구나' 알아야 할 삶의 교양!

요즘은 변호사, 의사, 한의사, 회계사, IT 담당자, 콜센터 상담사 등 업종과 직종을 불문하고 마케팅에 대한 교육 수요가 높아졌다. 실제로 필자 역시도 정기적으로 변호사들을 대상으로 한 마케팅 강의를 진행하였고 의사, 한의사 등 이른바 고급 자격증을 가진 전문가들뿐만 아니라 다양한 분야의, 다양한 직종에 몸담고 있는 분들을 대상으로 마케팅 강의를 요청 받아 진행하고 있다. 이제 마케팅은 비단 기업 경영에만 필요한 개념이 아니라는 방증이다. 이른바 고객을 대상으로 상품이나 서비스를 제공하는 분야라면 그 종류를 불문하고 마케팅을 알아야 하는 세상이다. 그렇지 않으면 고객의 선택을 받을 수 없는 세상이기 때문이다. 고객의 눈높이에 기준을 맞추고 지속적으로 새로운 고객가치를 만들어내지

못하면 이제 어떤 분야, 어떤 조직이건 지속가능경영은 불가능하다.

가만, 그렇다면 가정주부의 경우라면 어떨까? 누구나 마케팅을 알아야 하는 세상이라지만 주부도 마케팅을 알아야 하는 것일까? 대답은 당연히 예스다. 내가 직장인이건, 변호사건, 주부건, 우리 모두는 내 삶의 CEO다. 내 삶을 경영하고 마케팅하는 주체인 것이다. 내 이름을 나의 브랜드로 걸고 내 삶의 고객들에게 나를 마케팅하는 것, 그것 또한 경영이고 마케팅이다. 업종과 직종을 불문하고 이제 마케팅은 누구나 알아야 할 삶의 교양인 셈이다.

마케팅을 삶이자 삶의 철학이라 이야기하는 이유는 또 있다. 앞서 살펴본 것처럼 마케팅은 짬짜면, 즉 고객의 어려움을 찾아 해결해주는 것이다. 그 문제를 해결해줌으로써 고객을 행복하게 만들어주는 게 마케팅이다. 고객의 고통, 고충, 고민이 무엇인지 그들의 삶에 돋보기를 들이대야 하는 이유다. 고객에 대한 애정과 관심, 더 나아가 사람에 대한 사랑과 호기심은 그래서 마케터에겐 필수품이다. 사람이란 존재에 대한 존중은 기본이며 그들을 배려해야 한다.

사과 하나 더 덤으로 건네주는 할머니의 눈에 고객은 물건을 팔려는 대상만이 아니다. 삶이다.

시골 장터 좌판에서 과일을 파는 할머니를 생각해보라. 단골이나 귀여운 꼬마를 대동한 손님이 오면 맛 한번 보라며 과일 하나를 쓱쓱 닦아 정겹게 건네기도 한다. 매출 제고를 위해 우수고객 혹은 잠재고객을 대상으로 '로열티 마케팅'을 구사하는 것일까? 눈치챘겠지만 그렇지 않다. 그저 마음이다. 인간적인 배려인 동시에 따뜻한 마음 씀씀이다. 이렇듯 마케팅은 책으로 배우는 테크닉 이전에 나의 마음이고, 사람에 대한 존중과 배려다. 그래서 마케팅은 삶이다. 고객이기 이전에 '사람을 어떻게 대할까' 하는 삶의 철학이다.

2장

오호!
마케팅,
이런
속성이!

:: 마케팅, 장미가 아니라 사랑이에요

젊음의 거리라 불리는 서울 홍대 앞. 오늘도 수많은 커플들이 이 거리를 화려하게 물들이며 사랑의 밀어를 속삭인다. 그런 그들을 타깃으로 한 송이씩 예쁘게 포장한 장미를 판매하는 사람들이 있다. 그는 커플 중 남자에게 장미를 건네며 구매를 권한다. 옆에서 팔짱을 끼고 있는 여자 친구를 슬쩍 쳐다보고는 이내 지갑을 여는 남자. 그리 낯설지 않은 풍경이다. 그런데 말이다, 이 남자는 왜 장미를 사는 걸까? 장미에 남다른 애정이 있어서일까? 아니면 장미 수집가라서? 아니다. 옆에 있는 여자 친구에 대한 사랑의 '상징'으로 장미를 사는 것이다. 물리적 의미에서의 장미가 필요해서 사는 게 아니란 이야기다. 그 상황에서 어떤 상인은 "장미 한 송이 사세요"라고 얘기하고 또 다른 사람은 "사랑 한 송이 사세요"라고 말을 건넨다. 누구의 장미가 더 많이 팔렸을지는 불문가지다.

예전에는 '보험 아줌마'라고 있었다. 하지만 요즘엔 이런 단어 자체가 사라져버렸다. '라이프 플래너' 혹은 '파이낸셜 컨설턴트'가 그 자리를 대신하고 있다. 그런데 이렇게 명칭이 바뀌었다고 해서 그 역할도 달라졌을까? 본질도 달라진 것일까? 그렇진 않다. 크게 달라진 건 없다. 여전히 그들은 고객에게 보험 상품을 설계해주고 판매한다. 하지만 또 다른 측면에서 보자면 많은 게 달라졌다. 고객 관점에서 보자면 말이다. 무슨 말이냐고? 만약 보험에 가입해야 할 상황이 생긴다면 당신은 누구에게 보험을 들고 싶은가? '보험 아줌마'인가, 아니면 '라이프 플래너'인가? 이 역시 답은 명약관화하다.

조금 에둘러 왔다. 다시 마케팅의 속성에 대한 이야기로 돌아가 보자. 앞서 '장미'와 '보험 아줌마', 두 가지 사례를 통해 강조하고 싶은 마케팅의 첫 번째 속성은 '고객 입장에서의 재해석'이다. 마케팅의 모든 것은 고객 입장이어야 한다. 기업이 아니라 고객 관점에서 모든 걸 생각하고 바라보고 판단해야 한다. 고객의 입장이 될 때 비로소 문제가 보인다. 벽에 구멍을 뚫을 때 쓰는 드릴을 떠올려보자. 드릴의 디자인이 예뻐서, 드릴의 소리가 맘에 들어서 드릴을 사는 사람은 없다. 구멍을 뚫기 위해 사는 게 드릴이다. 그렇다면 드릴을 마케팅할 때 드릴 얘기를 해야 할지, 아니면 고객이 뚫으려는 구멍에 대한 이야기를 해야 할지 곰곰이 생각해볼 필요가 있다.

항공사들의 광고도 잘 살펴보자. 광고의 초점은 비행기를 타는 경험에 두지 않는다. 비행기를 타는 느낌이 어떨지 궁금해서 항공권을 구매하는 사람은 없다. 여행이든 출장이든 그들은 비행기를 타고 어딘가를 향한다. 비행기는 그런 목적지로의 이동수단이다. 비행기 자체가 목적이 아니라는 이야기다. 국내외 많은 항공사들의 광고가 근사하고 멋진 여행지를 보여주는 이유가 여기에 있다.

늘 노숙자 문제로 부심하고 있는 서울역. 그림에서 보는 것처럼 바리케이드를 쳐놓기도 하고 이런저런 대책을 세워 대응해보지만 역부족이다. 그 모든 활동에도 아랑곳하지 않고 노숙자들이 누워 있다. 그런데 어느 날, 그 자리에 국화꽃 화분을 놓았더니 노숙자들이 딴 곳으로 자리를 옮기더란다. 소위 '넛지Nudge' 사례다. 고객의 마음속에도 이런 '핫 포인트hot point'가 있다. 눈앞에 있는 현상만 볼 게 아니라 한 꺼풀 밑에 숨겨져 있는 현상의 본질을 꿰뚫어 봐야 한다. 내 입장이 아니라 모든 걸 고객의

서울역 국화꽃 화분.
때로는 전혀 예상치도 못한 것들이 솔루션이 된다.

입장에서 재해석해야 이런 '핫 포인트'가 보인다. 고객 관점에서, 고객의
마음으로 모든 상황을 재해석해야 한다. 마케팅의 출발은 확언컨대 고객
이다.

:: 마케팅, 창의적 시나리오를 개발하라

마케팅의 두 번째 속성은 '시나리오 개발Scenario Development' 이다. 향후 경기 상황이 어떻게 변할지, 고객들의 라이프스타일은 어떻게 바뀔지, 우리의 경영 상황을 좌우할 다양한 변수들로 이런저런 시나리오를 만들어보고 그에 대한 대응책을 세우는 게 경영 전략과 마케팅 전략을 세우는 메커니즘이다. 다양한 시나리오를 개발할 수 있다는 건 그래서 기업의 커다란 경쟁력이다.

세 가지 아이디어를 고민해본 A와 열 가지 아이디어를 고민한 B, 두 사람이 진행하는 회의의 결과는 뻔하다. 결론은 B의 그것이기 십상이다. 그래서 마케팅 전문가들이 하는 얘기가 있다. 시쳇말로 고민 많이 한 놈이 장땡이다! 그렇다면 어떻게 하면 다양한 시나리오를 개발할 수 있을까? 책상 앞에 오래 앉아 있는다고 되는 일일까? 창의력, 상상력이 중요한 이유가 바로 여기에 있다. 다양한 경험도 필수다.

세 번째로 들 수 있는 마케팅의 속성은 '설득' 이다. 설득은 힘이 약한 사람이 하는 거다. 힘이 세면 지시를 하거나 명령을 내린다. 그럼에도 매우 중요한 설득의 상황에서 어렵고 현학적인 용어로 마치 스스로의 방대한 지식을 뽐내려는 듯한 기획안이나 프레젠테이션을 보게 된다. 내용의 질을 떠나 설득력이 떨어질 수밖에 없다. 설득하려면 '쉬워야Easy' 한다. 또 하나 중요한 요소는 '심플함Simple' 이다. 하나의 슬라이드 안에 엄청나게 많은 정보가 들어가 있는 프레젠테이션 자료들을 종종 보게 된다. 그렇게 쓸 거면 워드 프로그램을 쓰지 왜 프레젠테이션 프로그램을 썼나 궁금

Easy '쉽게'

+

Simple '핵심' 만

+

Flow '자연' 스럽게

———————————————————

→ Conclusion 결론

할 정도다. 하나의 슬라이드 안에는 하나의 아이디어가 들어가야 한다.

설득력을 높이기 위해 중요한 또 하나의 요소는 '흐름Flow'이다. 처음부터 마지막 결론까지 그 흐름이 물 흐르듯 자연스러워야 한다. 좌충우돌, 중구난방 식으로 해서는 역시 설득력이 약할 수밖에 없다. 설득력을 높이려면 쉬워야 하고 심플해야 하며 짜임새 있는 구성을 갖추어야 한다. 이 모든 요소들이 광고, 전단지, 포스터 등 고객과의 모든 커뮤니케이션에 오롯이 적용되어야 한다.

:: 마케팅, 해결 이전에 프레이밍framing!

마케팅의 중요한 속성으로 꼽는 마지막 항목은 '틀 잡기-프레이밍Framing'이다. '틀 잡기'는 고객의 문제를 해결Solve하기 위한 전제조건이다. 무엇이 문제인지 제대로 틀을 짓지 못하면 문제를 풀 수 없다. 설령 답이 나온다 하더라도 엉뚱한 답이기 십상이다. 우리가 아파서 병원에 가면 의사에게 "어디가 아픈지 맞춰보세요. 그리고 고쳐주세요" 하지 않는다. 이런저런 증상을 세세히 얘기한다. 그걸로도 모자라면 엑스레이도 찍고 혈액 검사도 하고 그 외에 추가적인 검사를 한다. 이 모든 게 환자의 문제가 무엇인지 제대로 틀을 잡기 위한 과정이다. 이런 과정을 통해 문제가 명확하게 밝혀지면 답은 쉽게 나온다.

네이버 지식검색에 이런 질문이 올라왔다.

Q "아 그게 뭐냐면 그거 하는 그거가 있는데 그거가 그거를 그거 해서 그렇게 됐음. 해결 방법 좀."

도대체가 이해가 안 되는 질문이다. 하지만 놀랍게도 답이 붙었다.

A "아 그거 완전 쉬움. 그거를 이렇게 해서 막 그거 하면 그거가 이렇게 돼서 그거처럼 됨."

문제가 제대로 규명되지 않으면 답도 나올 수 없다. 나온다고 하더라도 제대로 된 답일 리 만무하다.

회사의 매출이 떨어지고 있다고? 그 경우에도 다를 바 없다. 우리 회사의 광고 모델이 사고를 쳐서 우리 브랜드에 대한 이미지가 안 좋아진 것인지, 아니면 소비자들이 지금껏 부담 없어 하던 우리 제품의 가격대를 연일 계속되는 불황 때문에 이제는 부담스러워하는 것인지 매출 부진의 원인을 구체적으로 규명해야 한다. 막연히 매출이 떨어지는 것을 문제라고 정의해서는 답 찾기가 요원해진다. 왜 매출이 떨어지는지 명확하게 문제를 규명하는 것, 그게 바로 제대로 된 프레이밍이다.

마케팅의 중요한 속성? 지금껏 살펴본 것처럼 마케팅은 '고객 입장에서의 재해석'이고, 마케팅은 고객 삶의 변화에 대한 다양한 '시나리오를 개발'하는 것이며, 마케팅은 고객을 '설득'하는 것이고, 마케팅은 고객의 문제를 제대로 '틀 짓는' 것이다. 고객과 관련한 이 모든 마케팅의 속성들이 톱니바퀴 물리듯 한 치의 오차 없이 잘 맞물려 돌아갈 때 마케팅은 빛을 발한다. 효과가 생기고 효율이 올라간다.

끝이 보이지 않는 불황의 터널에서 오늘도 많은 기업들이 허리띠를 졸라매고 한숨을 쉬고 있다. 하지만 털고 일어나야 한다. 그러려면 두 눈을 부릅뜨고 다시 초점을 맞추어야 할 대상은 바로 고객이다. 바늘 허리에 실 못 매어 쓴다 했다. 출발점은 다시 고객이고, 역시 고객이다.

3장

아하!
마케팅,
이런
흐름으로!

:: 마케팅의 시작, 시장 분석에서부터

지금껏 마케팅의 정의와 주요 속성에 대해 살펴보았다. 그러면 마케팅을 이제 실제 업무 흐름별로 다시 한 번 살펴보자. 개별 기업마다 다소 차이는 있겠지만 마케팅 업무의 일반적인 흐름을 그림으로 표현하면 대략 다음과 같다.

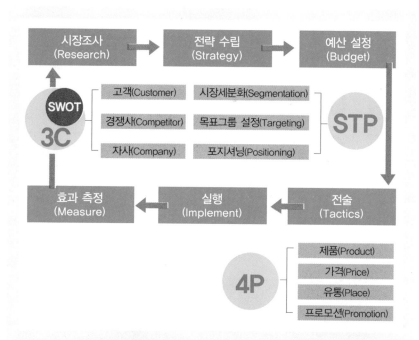

마케팅 업무의 일반적인 흐름도.
이런 기본적인 틀을 중심으로 업종이나 상황에 따라 조금씩 변용되기도 한다.

먼저 시장, 즉 고객Customer과 경쟁사Competitor 그리고 자사Company에 대한 조사 및 연구다. 세 개의 C, 이른바 3C 분석이다. 고객과 경쟁사에 대한 외부적인 분석을 통해 시장의 기회Opportunity와 위협Threat 요인을 파악하고 자사에 대한 내부적인 분석을 통해 자사의 강점Strength과 약점Weakness을 분석한다. SWOT 분석은 이렇게 이루어진다.

다음은 전략 수립의 단계다. 시장은 어떻게 쪼갤 것인지Segmentation, 쪼개 놓은 시장 중에서 어떤 시장을 목표로 할 것인지Targeting, 해당 목표 시장에게 우리의 포지셔닝을 어떻게 가져갈 것인지Positioning 등 이른바 STP 개념을 중심으로 한 전략을 수립하는 단계다. 전략이 수립되면 가용 예산에 대한 파악 및 적절한 예산 배분이 이어지고 이를 바탕으로 제품에는 어떤 특장점과 콘셉트를 부여하고Product, 가격은 어떤 전략으로 설정할 것이며Price, 전략에 부합하는 유통채널은 어떻게 가져가고Place, 브랜드 아이덴티티를 강화하고 매출을 이끌어내려면 어떤 프로모션Promotion을 진행할지 이 네 개의 P, 4P의 차원에서 다양한 전술을 개발하고 실행한다.

그리고 마케팅 활동에 대한 효과 측정! 측정 결과는 다시 시장과 고객, 자사 분석으로 연결되어 새로운 전략, 전술 개발로 순환되는 구조다.

:: 나는 누구에게 무엇을 팔려고 하는가?

그렇다면 상기 마케팅 프로세스를 채워주는 세부 사항들을 간략히 살펴보자. 마케팅은 고객의 고통, 고충, 고민을 찾아 해결해주는 것이라 했다. 마케팅의 목적은 고객을 행복하게 만드는 것이다. 이것이 마케터가 고객의 친구이자 도우미여야 하는 이유다. 그런 관점에서 마케터는 고객이 무엇을 힘들어하는지 그 포인트를 찾아내야 한다. 고객의 우려와 걱정 속에 비즈니스의 기회가 있다.

다음으로 챙겨볼 부분은 내가 팔려고 하는 나의 상품(혹은 서비스)이다. 내 상품과 내 서비스에 대해 제대로 알지 못하면 고객에게 제대로 팔수가 없다. 판매 실적이 좋은 영업사원들을 보면 자신의 제품에 대해 하나같이 전문가들이다. 어떤 상황에서 어떤 질문을 던져도 대답에 거침이 없다.

다음 순서는 시장과 고객에 대한 분석이다. 누가 나의 고객인지 시장을 탐색해야 한다. 예컨대 청소년용 제품을 실버 노인층에게 팔려는 말도 안 되는 일들이 기업 경영 현장에서도 비일비재하다. 내가 가진 제품, 서비스를 가장 필요로 하는 타깃 고객이 누구인지 면밀한 분석을 해야 한다.

내 브랜드는 고객에게 어떤 약속을 해줄 수 있는가도 잘 살펴야 한다. 다른 경쟁사와의 그것과는 다른 나만의 약속이 필요하다. 이른바 '차별화'의 개념이다. '우리 제품과 우리 서비스와 우리 브랜드는 고객에게 어떤 편익과 가치를 제공해줄 수 있는가'는 마케팅에서 가장 중요한 화두

중 하나다. 우리 제품과 서비스가 제아무리 뛰어나도 경쟁사와 다른 차별화 포인트가 없다면 고객은 우리를 선택할 이유가 없다. 서늘할 정도로 날을 벼린 나만의 필살기가 필요한 것이다.

:: 우리의 월급을 주는 사람은 고객이에요

마케터로서의 마인드, 제품·서비스에 대한 분석, 시장과 고객에 대한 탐색, 차별화 포인트에 대한 점검이 끝나면 다음은 대 고객 마인드다. 지금껏 '고객이 왕'이라는 이야기는 귀에 못이 박히도록 들어왔다. 하지만 아무도 그 이유를 말해주진 않았다. 이유는 다른 게 없다. 우리의 월급을 고객이 주기 때문이다. 많은 기업의 CEO들이 직원들의 월급을 자신들이 준다고 착각한다. 하지만 고객이 우리의 제품과 서비스를 구매하지 않는다면 제아무리 뛰어난 CEO라 해도 직원들에게 월급을 줄 수 없다. 자신의 사재를 털어 직원들에게 급여를 줄 수 있는 게 아니란 말이다. 내 입장, 우리 기업의 입장이 아니라 모든 걸 고객의 입장에서 생각하고 검토하고 판단해야 하는 이유다.

고속도로 톨게이트, 영화관, 놀이공원에 가면 티켓을 사야 한다. 매표소마다 붙어 있는 팻말에 뭐라고 쓰여 있나 기억을 더듬어보자.

표 사는 곳 vs 표 파는 곳

과연 어떤 표현이 맞는 것일까? 얼핏 생각하면 어려워 보이지만 '고객 중심'이라는 원칙을 떠올려보면 아주 쉬운 문제다. 고객은 표를 사지, 표를 팔지 않는다. '표 파는 곳'이 아니라 '표 사는 곳'이 정답인 이유다. 그게 뭐가 그리 중요하냐고? 고객에 대한 마인드는 작은 것에서부터 드러나게 마련이다. 모르긴 몰라도 실제로 조사해보면 '표 파는 곳'이 아니라 '표 사는 곳'이라 써 붙여놓은 기업이나 조직이 고객 만족도가 훨씬 더 높을 것이다. 매출은 고객을 따라간다.

국내 대표적인 교육기업인 휴넷(www.hunet.co.kr)의 HR부서는 매달 급여 지급일에 전 직원들에게 급여명세 내역을 담은 메일을 보낸다. 사실 중요한 건 급여명세가 아니다. 메일에는 이런 내용이 들어 있다.

우리 고객이 이 급여를 지급합니다.
만약 고객이
우리를 선택하지 않는다면
우리는 소중한 일터를 잃게 됩니다.
우리 모두 최선을 다해
고객행복경영을 실현합시다!

휴넷 경영진 & 고객행복위원회 일동

매월 지급하는 급여와 함께 고객의 중요성을 일깨우는 이런 메일을 전 직원들에게 보내는 휴넷. 다른 기업들에서는 쉽게 찾아볼 수 없는 휴넷의 고객행복 서비스 헌장은 그래서 더욱 우리의 눈길을 끈다.

휴넷 고객행복 서비스 헌장

♣ 우리는 고객을 사장보다 더 높게 섬기겠습니다.
♣ 우리는 내부 효율성보다 고객편의를 우선 고려하겠습니다.
♣ 우리는 매 순간 순간 활짝 웃는 얼굴로 고객을 대하겠습니다.
♣ 우리는 고객의 불만을 하늘이 내린 선물로 여기겠습니다.

행복한 성공 파트너, 휴넷 HUNET

평생학습 전문기업 휴넷의 고객행복 서비스 헌장.
고객은 행복하게 해주어야 할 대상이라는 고객 중심 철학이 녹아 있다.

※출처 참고

:: 한 번 고객은 영원한 고객

앞서 우리는 '장미 한 송이'를 파는 사람과 '사랑 한 송이'를 파는 사람의 차이에 대해 살펴보았다. 고객은 '욕구'를 소비한다는 것. 그래서 물리적, 기능적 차원의 니즈뿐만 아니라 고객의 마음속을 들여다볼 수 있는 통찰력이 필요하다. 모든 것을 고객 입장에서 새롭게 해석해야 고객의 마음이 보인다. 그렇게 한 번 거래를 맺은 고객은 평생을 우리와 함께할 '영원한 고객'으로 만들어야 한다. 이른바 '단골'로 만들기 위한 고객 관리가 필요하다.

돈을 많이 모으려면 돈을 많이 버는 것도 중요하지만 한 번 들어온 돈이 허투루 나가지 않게 잘 관리하는 것이 훨씬 더 중요하다. 마케팅도 마찬가지다. 수많은 고객들과 관계를 맺으면 무엇 하나? 중요한 건 우리와 거래를 시작한 고객들이 우리를 영원한 파트너로 생각하고 지속적으로 우리를 찾도록 하는 것이다. 경영학의 다양한 연구와 실험들도 새로운 고객을 창출하는 것보다는 기존 고객을 잘 유지하는 게 비용 측면에서 훨씬 더 저렴하다는 사실을 보여준다. 이래저래 기존 고객들과의 관계 관리가 중요한 대목이다. 우수 고객들에게 배송료를 할인해준다거나 포인트나 마일리지를 더 많이 적립해준다거나 하는 프로그램들이 다 이런 맥락에서 진행되는 것들이다.

:: '정 여사'에 대처하는 우리의 자세

한때 〈개그콘서트〉의 인기 코너 중 하나였던 '정 여사', 이른바 악성 고객이다. 말도 안 되는 억지를 부리며 이미 사갔던 제품을 무조건 바꾸어 달란다. TV 속 오락 프로그램이었기에 우리는 웃어넘길 수 있었지만 실제 경영 현장에서의 '정 여사'는 이제 그 차원을 달리 한다.

제품에서 곰팡이가 나와 파상풍을 입었다며 500만 원을 요구한 고객은 차라리 애교에 가깝다. 대기업 콜센터에 전화해 "환불해달라", "회사에 알려 불이익을 주겠다" 등의 말로 상담 직원들을 협박해 무려 2억 원을 뜯어낸 '진상 고객'이 경찰에 잡혔다는 소식. 알고 보니 '블랙컨슈머Black Consumer'를 아예 직업 삼아 멀쩡한 제품을 가지고 환불해달라, 교환해달라 시비를 걸며 돈을 뜯어내고 조폭이라며 콜센터 직원을 협박하기도 했단다. 무려 2년 반 동안 몇몇 가전제품 회사들에서 261회에 걸쳐 2억 4천만 원 상당의 금품과 전자제품을 뜯어낸 사람의 구속 소식도 있다. 널리 알려진 유명 기업들은 소비자가 부당하게 항의해도 브랜드 이미지 때문에 적극적으로 대응하기 어렵다는 점을 노린 범죄형 '블랙컨슈머'들이다. 앞서 고객은 왕이라 이야기했는데 그렇다면 이런 고객들은 어떻게 해야 할까? 끝끝내 왕으로 받들어 모셔야 하는 것일까?

지금껏 많은 기업들은 이런 진상 고객들을 '울며 겨자 먹기'로 달래 왔다. 하지만 이제 기조가 달라졌다. 범죄에 가까운 악성 고객들에겐 단호하게 법적 대응하기로 내부적 정책을 손질했다. 여태껏 이미지 관리를 위해 참았지만 욕설과 성희롱 등에 대해서는 전화를 끊거나 CCTV를 활용해 증거자료를 확보하고 "모욕죄로 경찰에 신고하겠다"라고 고객에게 고지하는 식이다.

모 백화점 기업이 판매 직원들을 교육시키는 행동 요령 매뉴얼을 보면 1단계로 "고객님, 차분히 말씀해주세요"라고 상대방을 진정시킨다. 그래도 상대방이 욕설을 하거나 손찌검을 하면 2단계로 "고객님, 그런 말씀은 형법 제311조 모욕죄에 해당합니다", "그런 행동은 형법 제60조 폭행죄에 해당합니다"라고 경고한다. 그럼에도 상황이 정리되지 않으면 3단계로 "이제 경찰에 신고하겠습니다"라 말하고 신고하게 된다.

호박 농사를 지을 때도 나쁜 호박을 그대로 두면 좋은 호박들까지도 망치게 된다며 '나쁜 고객을 해고하라'고 도발적으로 이야기하는 책도 나왔다.(『펌프킨 플랜 : 나쁜 고객을 해고하라!』) 더 이상 블랙컨슈머를 용인하지 않겠다는 분위기가 확산되고 있는 것이다.

진상 고객을 대하는 기업들의 이런 정책 기조 변화에는 크게 두 가지 의미가 있다. 먼저 '내부 직원 보호'의 의미다. 그렇지 않아도 '감정 노동'으로 힘들어하는 직원들을 더 이상 고객 횡포의 사각 지대에 방치하지 않겠다는 기업들의 의지다. 고객을 행복하게 해주려면 우리가 먼저 행복해야 한다. 성공적인 마케팅을 위해서는 '행복한 직원'들이 전제되어야 하는 이유다.

또 하나는 '좋은 고객 배려' 차원이다. 우리의 시간, 노력, 예산 등 모든 리소스는 유한하기에 나쁜 고객에게 그 리소스를 빼앗기면 정작 좋은 고객들에게 돌아갈 몫은 적어진다. 기업들이 좋은 고객과 나쁜 고객을 구분하여 좋은 고객에게 더욱 집중하려는 배경이다. 20퍼센트의 우수 고객이 매출의 80퍼센트를 만들어낸다는 파레토의 법칙을 굳이 거론하지 않더라도 좋은 고객과 나쁜 고객에 대한 구분은 이제 어느 기업에서나 챙겨봐야 할 중요한 이슈다.

[1부 핵심 정리] 고객 리스타트!

1. 마케팅 = 고객행복
고객의 고통, 고민, 고충을 찾아 해결해줌으로써 그들을 행복하게 만들어 주는 것

2. 4P에서 4C로!
제품, 가격, 유통, 프로모션에서 고객 가치, 비용, 편리함, 소통으로의 변화

3. 마케팅은 '시장' 지향적인 '전사' 적인 활동

4. 마케팅의 속성
    1) 고객 입장에서의 재해석 – 통찰력
    2) 창의적 시나리오의 개발
    3) 설득 – 쉽게, 핵심만, 자연스럽게
    4) 대안 제시 이전에 확실한 문제 규명

5. 마케팅 업무 프로세스
시장조사(3C분석 + SWOT 분석) → 전략 수립(STP 전략) → 예산 설정 및 전술 수립(4P Mix) → 실행 → 분석

6. 제품, 시장, 고객 등 마케팅의 모든 요소들을 입체적으로 고려해야

7. 마케팅의 업무 흐름
    1) 마케팅의 출발은 시장 기회 분석
    2) 마케터는 친구이자 도우미
    3) 내가 파는 상품을 정확하게 파악하라
    4) 시장과 타깃에 대해 면밀히 분석하라
    5) 우리 브랜드의 차별적 가치를 약속하라
    6) 우리의 월급은 고객이 준다
    7) 진단하고 치료하라
    8) 한 번 고객은 영원한 고객으로!
    9) 불량 고객을 해고하라 – 좋은 고객에게 우선순위

MARKETING
RESTART

2부

핵심 개념
리스타트!

1장

짚어보자!
마케팅의
핵심 개념,
STP & BDR

:: R : 마케팅 리서치Research, 고객에게 묻지 마라

앞서 일반적인 기업들의 마케팅 프로세스에 대해 살펴보았다. 그 틀에서 보자면 마케팅의 출발점은 시장조사다. 시장조사는 말 그대로 시장에 대한 조사다. 어떤 제품이나 서비스가 상품성이 있을지를 알아보기 위한 조사도 있고, 이미 개발한 제품이나 서비스에 대한 콘셉트 테스트를 위한 조사도 있고, 새로운 시장 기회 창출이나 고객 가치 발굴을 위한 조사도 있다. 기업의 마케터들은 이런 조사를 통해 시장에 대한 통찰력을 얻는다. 하지만 방심은 금물이다. 시장조사가 능사는 아니기 때문이다.

1985년 봄, 코카콜라에서 내놓은 야심작 '뉴 코크'. 무섭게 치고 올라오는 펩시의 공격에 맞서 노후화된 브랜드 이미지를 탈피하고자 100년 가까이 고수하던 전통의 맛을 버리고 새롭게 출시한 역작. 무려 2년에 걸쳐 4백만 달러의 거금을 들여 2십만 명의 고객을 대상으로 맛 테스트를 진행하여 개발한 신제품이었다. 그러나 결과는 참담한 실패. 사람들은 예전의 맛을 돌려달라 아우성이었고 회사는 부랴부랴 '코카콜라 클래식'이란 이름으로 예전 콜라를 다시 내놓아야만 했다. 소비자의 마음을 담아내지 못했던, 단순히 입맛만 반영했던 마케팅 리서치의 대표적인 실패 사례다.

많은 기업들이 소비자 조사를 전가의 보도집안 대대로 전해 내려오는 좋은 칼로 여긴다. 그러니 뭔가 결정 내리기 애매하거나 답을 찾기 힘든 상황에서는 어김없이 "그거, 소비자 조사 한번 해보지" 하며 휘둘러댄다. 그러나 이런 리서치를 통해 중요한 의사 결정을 하는 데는 많은 함정이 도사리고 있다. 대표적인 게 '의도를 가진 질문'과 '왜곡된 해석'이다. 즉, 어떤 질문을 하느냐에 따라 답은 천양지차란 말이다. "누가 대통령으로 적합하다 생각하시나요?"와 "누구를 대통령으로 뽑으시겠습니까?"와 "누가 대통령이 될 것 같습니까?"에 대한 답은 모두 다르다. 미세한 어감과 의미의 차이가 결과에서는 큰 차이를 만들어낸다. 지난 대선 때 안철수, 문재인 후보 단일화를 위한 설문 협의 과정에서 '적합도'냐 '지지도'냐 아니면 '가상대결 결과'냐로 양측이 날카로운 대립각을 세웠던 이유다.

제대로 된 질문이라 하더라도 해석 과정에서 발생하는 인위적 왜곡도 있다. 나의 관점에서 내가 필요한 부분만 발췌해서 데이터를 보여주는 식이다. '데이터 쿠킹cooking'이라고도 이야기하는 '아전인수'격 해석이다. 딱히 거짓이라 얘기하긴 애매하지만 객관적이며 가치중립적인 해석이 아님은 분명하다. 설문 과정과 해석 과정에서 발생하는 이런 데이터의 오염은 의도적일 때도 있지만 사실 리서치에 대한 몰이해에서 비롯되는 경우도 비일비재하다.

그러나 소비자 조사의 가장 큰 한계는 바로 고객 스스로로부터 비롯된다. 소비자 자신도 스스로를 잘 모르기 때문이다. 초콜릿은 단맛이 좋아 사먹는 것이고 술은 취하려고 마신다는 것을 모르는 사람이 어디 있겠는가? 그러나 조금만 더 깊이 들여다보자. 단맛이 좋아서라면 왜 사탕이 아니고 초콜릿인가? 아니, 초콜릿 중에서도 왜 하필 A 브랜드인지? 취하기 위해서라면 왜 맥주나 양주가 아니고 소주여야 하며 다른 소주는 안 되고 왜 B 브랜드여야 하는 것인가? A 브랜드가 맛이 더 좋아서, B 브랜드가 입맛에 맞아서라는 대답은 과연 사실일까? 몇 번을 양보하더라도

100퍼센트 진실은 아닌 듯하다. 왜냐하면 대부분의 소비자는 눈만 가리면 각 브랜드의 맛을 구별하지 못하기 때문이다. 즉, 소비자는 '맛이 다르기 때문'이라고 생각하고 있지만 실제로는 소비자 스스로도 인식하지 못하고 있는 다른 어떤 이유가 숨어 있는 것이다.

또 하나, 1980년대 후반에 이런 설문 조사를 했다고 가정해보자. "손바닥만 한 컴퓨터인데 늘 들고 다니면서 전화 통화도 하고 인터넷도 하고 음악도 듣고 사진도 찍을 수 있는 기능이 있다. 사겠는가?" 지금이야 온 세상이 열광하고 있는 스마트폰이지만 그 당시에 물었더라면 어떤 대답이 나왔을지 추측하기가 쉽지 않다. 위 질문을 접한 사람들은 각자 저마다 다른 상상의 나래를 펼 것이다. 아마도 평소에는 한 번도 생각해보지 않던 질문일 것이다. 그리고 당시로선 그다지 필요하지 않은 기능들이라 생각할 가능성이 높다. 그런 상황에서 나오는 대답이 비즈니스 차원에서의 신뢰도를 확보하긴 당연히 힘들다. 제품의 구매 의향을 물어보는 질문에도 사람들은 큰 고민 없이 "구매하겠다" 대답한다. 지금 당장 내 돈 나가는 게 아니기 때문이다. 단순 호기심 차원의 대답일 확률이 높다.

그러니 '고객에게 물어보지 마라'라는 도발적인 표현에도 고개를 끄덕이게 된다. '마케팅 리서치는 무의미하다' 역설했던 스티브 잡스는 실제로 고객에게 묻지 않았다. 스스로 고객의 입장이 되어 자신의 직관을 통해 아이폰, 아이패드 같은 혁신적인 제품을 선보였다. 고객의 뒤만 좇아서는 고객을 앞서가는 혁신을 선보일 수 없다. 트렌드를 따라갈 게 아니라 트렌드를 만들어야 한다. 그러니 이젠 고객에게 묻지 말자. 고객의 삶에 가만히 현미경을 들이대고 그들을 애정 어린 시선으로 지켜보자.

묻지 말고 관찰하는 것, 아마 그편이 답을 찾는 방법으론 훨씬 더 나을 듯 싶다. 리서치는 정답을 찾아주는 도깨비 방망이가 아니라 정답을 찾는 데 있어 단초를 제공해주는 보조 도구임을 명심해야 한다.

:: B : 브랜드Brand도 자산이다

1등 애플 983억 달러, 2등 구글 933억 달러, 3등 코카콜라 792억 달러, 4등 IBM 788억 달러, 5등 마이크로소프트 595억 달러, 6등 GE 469억 달러, 7등 맥도날드 420억 달러, 8등 삼성 396억 달러, 9등 인텔 373억 달러, 10등 토요타 353억 달러. 그 뒤로 메르세데스 벤츠와 BMW, 시스코, 디즈니 등 기라성 같은 브랜드들이 쭉 늘어서 있다. 세계적인 브랜드컨설팅 그룹인 인터브랜드에서 발표한 '2013년 베스트 글로벌 브랜드 순위와 가치'다.

베스트 글로벌 브랜드 가치 2013

1	2	3 Coca-Cola	4 IBM
		+2% 79,213 $m	+4% 78,808 $m
		5 Microsoft	6 GE
+28% 98,316 $m	+34% 93,291 $m	+3% 59,546 $m	+7% 46,947 $m

7 McDonald's	8 SAMSUNG	9 intel	10 TOYOTA	11 Mercedes-Benz	12 BMW
+5% 41,992 $m	+20% 39,610 $m	-5% 37,257 $m	+17% 35,346 $m	+6% 31,904 $m	+10% 31,839 $m

13 CISCO	14 Disney	15 hp	16 Gillette	17 LOUIS VUITTON	18 ORACLE
+7% 29,053 $m	+3% 28,147 $m	-1% 25,843 $m	+1% 25,105 $m	+6% 24,893 $m	+9% 24,088 $m

※출처 참고

공장이나 회사 건물, 생산 설비나 인력이 아니라 순전히 브랜드_{Brand}라는 무형의 개념이 이토록 엄청난 가치를 가지고 있다는 것. 이게 브랜드의 힘이다. 애플이라는, 누가 한입 베어 문 듯한 브랜드 하나의 가치가 우리나라 돈으로 100조를 넘나드는 현실. 브랜드는 마케팅에 있어 출발점이자 종착역이다. 기업의 모든 마케팅 활동은 그래서 브랜드를, 아니 더 엄밀하게는 파워브랜드를 지향한다.

그렇다면 브랜드의 가치가 높아지면 어떤 이익이 있을까? 너도나도 파워브랜드를 갖고 싶어 하는 이유는 뭘까? 케빈 켈러 같은 학자는 파워브랜드의 효용을 이렇게 설명한다. 파워브랜드에 대한 고객충성도는 매우 높다. 경쟁적인 마케팅 환경에서 이는 큰 무기가 된다. 마케팅 위기가 와도 쉽게 흔들리지 않는다. 이익이 늘어나는 것은 당연한 일이다. 가격 경쟁에서도 상대적으로 자유롭다. 가격을 인상하더라도 소비자 반응은 우호적이다. 반대로 경쟁사의 제품 가격이 싸더라도 우리 고객은 흔들리지 않는다. 유통채널도 우리 브랜드에 호의적이다. 예컨대, 적재공간도 크게 주며 다양한 혜택과 편의를 제공한다. 광고, 이벤트 등 마케팅 커뮤니케이션 활동에서도 유리하다. 고객들은 다른 브랜드보다 파워브랜드인 우리의 말에 귀를 더 잘 기울인다. 부가적인 브랜드 확장의 기회에 따른 새로운 사업기회는 덤이다. 실제로 많은 파워브랜드들이 분야를 넓혀 새로운 비즈니스 기회를 창출하고 있다. 이쯤 되면 파워브랜드, 즉 브랜드 자산 가치 제고는 기업 경영과 마케팅에 있어 지상 최고의 목표가 될 수밖에 없다.

파워브랜드가
되면
?

! 고객충성도가 높아진다

가격 경쟁에서 자유로워진다

유통채널 운용이 용이해진다

마케팅 커뮤니케이션 효율이 높아진다

부가적인 사업 기회가 생겨난다

그러면 이런 파워브랜드를 만들려면 어떻게 해야 할까? 브랜드 자산 관리, 전략 수립 및 브랜드경영에 관한 세계 최고의 권위자인 데이비드 아커 교수는 브랜드 자산의 구성 요소로 다섯 가지를 꼽는다.

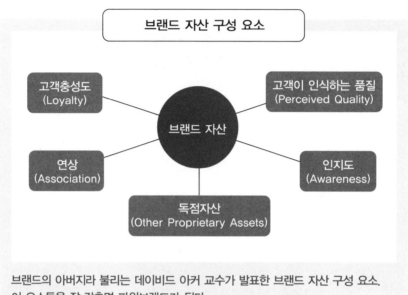

브랜드의 아버지라 불리는 데이비드 아커 교수가 발표한 브랜드 자산 구성 요소. 이 요소들을 잘 갖추면 파워브랜드가 된다.

첫째가 '인지도Awareness'다. 일단 유명해야 파워브랜드가 될 수 있다. 구매도 일단 해당 브랜드를 알아야 할 수 있는 법. 어느 누구도 잘 모르는 '듣보잡' 브랜드는 파워브랜드로서 자격 미달이다. 고객의 머릿속에 우리 브랜드가 얼마나 확고히 자리 잡고 있느냐가 관건이다.

두 번째 요소는 흔히 로열티라고 이야기하는 '고객충성도Loyalty'다. 신제품이 나오기 하루 전날부터 매장 앞에 진을 치고 밤샘을 하며 다음 날을 기다리던 애플 마니아들의 모습을 기억하시는지? 고객충성도가 높을수록 브랜드로서의 위상은 높아지고 파워는 강해진다. 누구나 돈만 내면 구매할 수 있는 아이템임에도 애플 마니아들의 얼굴엔 늘 자부심이 한가득이다. 마치 '뱁새가 황새의 높디높은 뜻을 어찌 알리요?' 라고 말하는 듯한 그 표정에서 애플이란 브랜드에 대한 그들의 자부심과 충성도를 읽을 수 있다.

브랜드 자산의 세 번째 요소는 퀄리티, 즉 '품질Quality' 이다. 품질은 파워브랜드로서 갖추어야 할 기본 요소다. 품질이 떨어져서야 어찌 고객의 낙점을 받겠는가? 그런데 자세히 보니 'Quality' 라는 단어 앞에 무언가가 하나 더 붙어 있다. 'Perceived' 란 단어다. 그렇다면 그냥 '품질' 이 아니라 '지각된 품질' , 다시 말하면 '고객이 느끼는 품질' 이라는 의미가 된다.

사실 이 'Perceived' 란 단어가 아주 중요한 역할을 한다. 기술이 발전하면서 많은 기업들의 기술 수준 또한 평준화되었다. 차이가 나더라도 미세한 수준이다. 그러니 고객은 그 품질 차이를 구분해낼 수 없다. 무슨 말이냐고? 삼성전자와 LG전자의 TV를 눈앞에 두고 브랜드를 가린다면 고객은 과연 그 품질 차이를 구분해낼 수 있을까? "왼쪽 모니터가 오른쪽 모니터보다 화소 수가 스무 개쯤 많은 거 같아요", 있을 수 없는 이야기다. 그럼에도 놀라운 일이 일어난다. 고객에게 "어떤 브랜드 품질이 더 좋은가요?" 라고 물어본다면 고객은 별 다른 고민 없이 대답한다. 어떤가? 눈앞에서 비교를 해도 그 품질 차이를 인식하지 못하던 고객이 특정 브랜드가 더 품질이 좋다는 대답을 이렇게 쉽게 하는 이 상황을 우리는 어떻게 받아들여야 할까? 이것이 '고객이 느끼는 품질' 이다.

기업 입장에서의 시사점은 다음과 같다. 단순히 물리적 품질만 관리해서는 안 된다는 것, 고객이 느끼는 주관적인 품질도 관리해야 한다는 것이다. "우리 제품 품질이 이렇게 좋은데 고객은 왜 몰라줄까?"라고 백날 하소연 해봐야 아무런 의미 없는 넋두리로 끝날 뿐이다. 고객과의 다양한 소통을 통해 '고객이 느끼는 우리 브랜드의 품질' 수준을 올려야 한다. 그런 의미에서 마케팅은 단순한 '제품Product'의 경쟁이 아니라 '인식Perception'의 싸움이라 볼 수 있다. 고객의 인식을 바꾸기 위한 지속적이고 전략적인 마케팅 커뮤니케이션이 필요한 건 그래서다.

네 번째 요소는 '연상Association'이다. 특정 브랜드를 떠올리면 다양한 연상 작용이 함께 일어난다. 예컨대 코카콜라 하면 즐겁고 상쾌한 이미지, 갈증을 해소해주는 시원한 느낌, 친구들과의 즐거운 시간 등 긍정적인 장면들이 떠오른다. 반대로 부정적인 연상들도 있을 것이다. 건강에 안 좋은 정크푸드 같은 이미지가 대표적인 예다. 이런 모든 연상들을 합쳤을 때 긍정적인 연상의 총합이 부정적인 연상의 그것보다 많으면 브랜드 가치는 올라간다.

마지막으로 '독점자산Other Proprietary Assets'이 있다. 독점자산은 특허처럼 법으로 보장받을 수 있는 권리를 말한다. 삼성전자와 애플이 벌이고 있는 특허 소송이 바로 브랜드 자산이란 측면에서 보자면 독점자산에 관한 이슈들이다.

이상 브랜드 자산을 구성하는 다섯 가지 요소들에 대해 살펴보았다. 인지도, 고객충성도, 품질, 연상, 독점자산, 이런 요소들이 잘 어우러져 고객의 머릿속에 각인되면 그야말로 힘 센 브랜드, 파워브랜드가 된다. 파워브랜드로 가는 길이 얼마나 남았는지 각 항목별로 우리 브랜드의 현 위치를 한번 체크해보는 것도 좋을 듯하다.

5

브랜드 자산을 구성하는 가지 요소들

인지도
Awareness

고객충성도
Loyalty

고객이 인식하는 품질
Perceived Quality

연상
Association

독점자산
Other Proprietary Assets

여기서 '퍼스널 브랜딩$_{Personal\ Branding}$'과 관련하여 하나 더 짚어볼 부분이 있다. 앞서 계속 강조했던 것이 '마케팅은 삶'이라는 것! 그런데 이 이야기는 여기 데이비드 아커 교수의 브랜드 자산 모델을 통해서도 확인할 수 있다. 자, 한번 살펴보자. 앞서 이야기했듯이 나의 이름은 나의 브랜드다. 나는 나의 이름을 브랜드 삼아 내 삶의 고객들에게 나를 마케팅하며 산다. 나는 내 삶의 경영자이자 마케터인 셈. 그렇다면 내 이름, 즉 나의 브랜드가 파워브랜드가 되려면 나는 어떻게 해야 할까? 이걸 데이비드 아커 교수의 브랜드 자산 모델에 대입해보자.

먼저 브랜드 인지도다. 나는 얼마나 유명한가? 내 가족, 친구들뿐만 아니라 우리 동네에서도 나는 유명한가? 서울 전체에서? 대한민국 전체에서? 유명할수록 내 이름은 파워브랜드가 된다. 두 번째, 고객충성도다. 이건 나를 아는 주변 사람들이 나를 얼마나 좋아하는지로 대치할 수 있을 것이다. 나를 좋아해주는 사람들은 얼마나 되는지? 그리고 그들이 나를 좋아하는 강도는 또 얼마나 되는지가 개인브랜드로서의 고객충성도다. 세 번째는 '고객이 느끼는 품질'이다. 내 동료들은, 내 지인과 가족들은 나의 능력과 실력에 대해 어떻게 평가하고 있을까가 관건이다. 그 평가치가 높을수록 나는 파워브랜드가 된다. 네 번째는 연상. 내 주변 사람들은 나에 대해 긍정적인 이미지를 더 많이 떠올릴까? 아니면 부정적인 이미지를 더 떠올릴까? 전술했듯이 긍정적인 이미지가 더 많을수록 브랜드 가치가 올라간다. 마지막으로 독점자산. 이건 개인으로 치자면 자격증 같은 것이 될 수 있을 터. 나는 법적으로 인증 받는 자격증을 얼마나 많이 갖고 있나? 운전면허증, 변호사 자격증, 의사 자격증 등등. 남들이 갖지 못한 어려운 자격증을 많이 갖고 있을수록 역시 파워브랜드에 한발 더 다가가게 된다. 어떤가? 놀랍지 않은가? 기업 경영에 있어서의 브랜드 자산 요소들이 개인의 삶에 그대로 들어맞는다. 파워브랜드의 위엄과 포스를 누리며 세상을 살고 싶은가? 그렇다면 마케팅 공부부터 하고 볼 일이다.

:: 브랜드 콘셉트와 브랜딩 – 강렬한 한 단어를 심어라

'브랜드 자산'을 살펴보았으니 다음은 '브랜드 콘셉트'다. 브랜드에서 중요한 것은 브랜드 네임이 아니라 브랜드에 숨어 있는 의미, 즉 고객의 인식이다. '고객이 우리의 브랜드를 어떤 의미로 받아들이게 할 것인가'의 개념이 바로 브랜드 콘셉트이다.

예를 들어보자. 초콜릿은 까맣고 달콤하다. 하지만 '가나'라는 브랜드가 붙은 초콜릿은 고객에게 조금은 다른 의미로 다가간다. 고객에게 '가나 초콜릿'은 까맣고 달콤한 그 무엇이 아니라 '고독의 맛'이다. 이게 브랜드 콘셉트이다. 최근 기록적인 매출 성장을 일구어 낸 비락식혜 광고도 김보성이란 배우의 콘셉트를 잘 활용한 사례다. 여러 TV 프로그램에 나와서 주먹을 꽉 쥐어 보이며 '사나이'를 강조했던 배우 김보성. 일반 시청자들에게 그의 이미지는 '과격', '단순', 그 이상도 이하도 아니었다. 하지만 이런 이미지는 대출을 받아가면서까지 어려운 사람들을 도와주는, 실제 그의 삶과 연결되며 '의리'라는 의미로 격상된다. '옳은 길을 가는 데 거칠 것이 없다'는 의미의 '대도무문大道無門'이 가훈이라는 김보성. 초지일관 의리를 강조하는 그는 '사나이는 소송하지 않는다'며 '용서도 의리'라 외친다. 김보성이란 브랜드의 콘셉트는 이제 수많은 사람들의 머릿속에 강력하게 자리 잡았다. 바로 '의리'다.

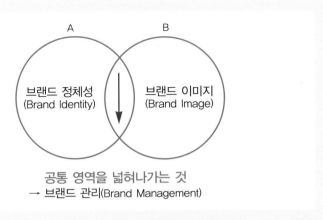

공통 영역을 넓혀나가는 것
→ 브랜드 관리(Brand Management)

브랜드 관리 활동은 브랜드 정체성과 브랜드 이미지의 차이를 줄여 그 공통 영역을 극대화하는 것이다.

이처럼 기업(혹은 제품) 브랜드나 개인 브랜드나 성공적인 마케팅을 위해서는 브랜드에 대한 소비자 인식, 즉 브랜드 콘셉트를 잘 관리해야 한다. 요컨대 '브랜딩Branding'을 잘해야 한다는 뜻이다. 제품의 물리적 특장점이 아니라 내가 고객에게 전달하고자 하는 우리 브랜드의 '의미'를 잘 뽑아내어 고객의 머릿속에 강렬한 하나의 단어로 남기는 것, 이게 바로 브랜딩이다. 명사형 의미에 머무르는 브랜드란 개념을 생생하게 살아 움직이게 만드는 동사형 개념인 것이다.

파워브랜드? 앞서 살펴보았던 '브랜드 자산' 개념이 아니라 '브랜드 콘셉트'란 관점에서 보자면 우리가 도출한 우리 브랜드의 아이덴티티와 실제로 고객이 우리 브랜드에 대해 느끼는 이미지가 일치하는 브랜드가 파워브랜드다. 마케팅 능력은 그래서 어떻게 보면 브랜드 관리 능력, 즉 브랜딩과 동의어다.

:: STP : 쪼개고Segmentation 겨누고Targeting 자리매김하라Positioning

"타깃은 직장인입니다", "아니, 학생입니다". 어느 회사의 회의실에서 제품 타깃에 대한 광고 회의가 한창이다. 그런데 광고기획 팀장은 직장인을 타깃으로 해야 한다 주장하고 반대로 차장은 학생을 타기팅해야 한단다. 직장인들이 일하다 지칠 때 먹는 초콜릿, 학생들이 공부하며 먹는 초콜릿, 과연 어떤 타깃이 더 좋을까?

롯데제과 드림카카오 광고.
타깃을 누구로 할 것이냐의 문제로 치열한 논쟁이 벌어지고 있는 모습을 담았다.

※출처 참고

'고함량 천연카카오' 란 콘셉트를 내세우며 시장 공략에 나선 롯데제과의 드림카카오 광고 장면이다. 그런데 정답은 무엇일까? 쉽지 않은 대답이다. 직관적으로 결정할 수 있는 게 아니라 이른바 시장 상황에 대한 면밀한 검토가 선행되어야 하는 전략적 선택의 문제. 이런 중요한 마케팅 의사 결정 과정을 롯데제과는 유머러스한 광고로 보여주며 소비자의 의견을 묻고 있다.

이 광고는 마케팅 측면에서 크게 두 가지 시사점이 있다. 첫째 '소비자의 참여' 다. 작금의 시장을 '3.0시장' 이라 명명하며 3.0시장의 핵심 키워드 중 하나로 '참여' 를 꼽는 필립 코틀러의 말을 굳이 빌지 않더라도 기업의 마케팅 활동에 있어 고객의 참여는 이제 일상화되어 가고 있다. 그동안 기업에서 누리던 권력들이 소셜미디어를 통해 '서로 연결' 된 고객에게로 이양되고 있는 것이다. '프로슈머' 에 이어 '컨듀서(Consumer+Producer의 조어)' 라는 말도 나온 것처럼 고객은 이제 소비를 넘어 생산의 과정에까지 직간접적으로 참여하고 있다.

두 번째 챙겨볼 부분은 '타깃' 이란 개념이다. 왜 직장인 아니면 학생으로 타깃을 작게 혹은 좁게 설정해야 하는 것일까? 직장인도 초콜릿을 먹고 학생도 초콜릿을 먹는다. 직장인으로 타깃을 잡았다면 학생이 구매하러 왔을 때 안 팔아야 하는 것일까? 모든 사람들에게 다 팔아서 안 될 게 무어란 말인가? 이런 의문들이 꼬리를 문다. 이게 바로 마케팅의 핵심 이슈 중 하나인 'STP' 에 대한 것이다.

STP는 '시장세분화Segmentation', '타기팅Targeting', '포지셔닝Positioning' 의 각 머리글자를 딴 것이다. 전체 고객 중에서 시장을 특정 기준에 따라 쪼

시장을 어떻게 쪼개고, 그 쪼개놓은 시장 중에서 어떤 세분시장을 목표로 하며, 그들의 머릿속 어떤 위치에 자리매김할 것인가가 STP의 요체다.

개는 것을 '시장세분화'라 하고 쪼개어 놓은 세분시장 중에서 타깃 그룹을 설정하는 것을 '타기팅', 타깃 그룹의 인식 속에 어떤 콘셉트로 다가가 어떤 위치에 자리매김할 것이냐가 '포지셔닝'의 문제다. 이른바 마케팅의 고갱이라고 이야기하는 세 가지 요소다.

∷ 마트에 수많은 종류의 치약이 넘쳐나는 이유는?

1954년 럭키치약 광고.
지금은 왜 이렇게 많은 치약이 필요한 걸까?

사오십 년 전만 해도 우리나라의 치약은 오로지 하나였다. 럭키치약 하나로 대한민국 모든 국민이 아무런 불평불만 없이 행복하게 이 잘 닦으면서 살았던 것이다. 그러나 지금은 어떤가? 인근 마트에만 가봐도 치약 코너에 진열되어 있는 치약의 종류는 무려 수십 가지다. 아이들을 위한 과일 향 제품에서부터 시작해 치아 미백용, 치주 질환 방지용, 구취 제거용, 게다가 천일염으로 만든 것, 대나무로 구운 소금으로 만든 것 등 수많은 치약들이 고객을 기다리고 있다. 왜 이렇게 된 것일까? 대한민국 국민들의 취향이 언제부터 이렇게 다양해진 것일까?

STP의 프레임으로 보면 답이 보인다. 하나의 치약으로도 아무런 문제 없이 이를 닦던 단일 시장이 구매력 향상과 함께 언제부터인가 세포분열 하듯이 잘게 나누어진 것이다. 이런 시장세분화는 자연발생적으로 일어나기도 하고 기업에서 전략적으로 진행하기도 한다. 십인십색이라 했던가? 다양한 그룹의 다양한 니즈, 그런 각 세분그룹의 세분화된 니즈를 충족시키기 위해 기업들이 만들어낸 다양한 제품들이 지금 현재 대형마트의 진열대에 쌓여 있는 다양한 치약들인 셈이다.

그렇다면 이렇게 시장을 잘게 쪼개는 이유는 무엇일까? 쪼개놓은 작은 시장을 타깃으로 하지 않고 전체 고객을 대상으로 한다면 매출 규모가 더 커질 것 같다고? 천만의 말씀! 그야말로 오해이고 착각이다. 결론부터 이야기하자면 이젠 모든 고객을 만족시키려 하다가는 어느 누구도 만족시킬 수 없는 세상이기 때문이다.

내 주변 가까운 지인을 떠올려보자. 여기 50대 남자 직장인과 10대 여중생이 있다. 이 두 사람이 관심을 가질 만한 화제가 과연 같을까? 이 두 사람이 좋아하는 연예인은? 노래는? 영화는? 이 모든 취향이 다를 가능성이 99.9999퍼센트다. 한 하늘 아래 동시대를 살아간다 하더라도 이들은 전혀 다른 생각으로 하루하루를 살고 있는 존재다. 이 두 사람의 라이프스타일에 있어 공통점이라곤 거의 없는 셈이다. 그런 그들을 둘 다 설득시키고 만족시키기 위해 '평균'적인 화제를 가지고 '평균'적인 톤과 매너로 말을 건넨다? 어불성설이다. '평균'은 수학에서나 유효한 개념이다. 고객과의 커뮤니케이션에 있어 '평균'이란 개념은 재앙이다.

지금의 소비자 그룹은 더 이상 수십 년 전처럼 하나의 치약으로 만족하며 살던 단일 그룹이 아니다. 각자의 이성과 감성을 만족시켜주는 제품과 서비스를 찾아 오늘도 온·오프 매장을 찾아 나서는 적극적 탐색 소비를 추구하는 존재다. 모든 사람을 대상으로 하는 어정쩡한 콘셉트의 평범한 제품(이나 서비스)은 이제 더 이상 발붙일 곳이 없다. '모든 사람

다양한 변수들을 기준으로 나눈 세분시장의 예

	변수	분류 사례
인구통계적 변수	성별 연령 소득 학력 직업 가족 규모	남성, 여성 영유아, 10대, 20대, 30대 저소득층, 중산층, 고소득층 중졸, 고졸, 대졸 이상 직장인, 자영업, 기술자, 전문직 독신자, 2인, 3~4인, 5인 이상
지리적 변수	지역 지후 인구밀도 규모	서울특별시, 부산광역시, 광주광역시, 강원도 중부지방, 남부지방 도심지, 교외, 농어촌 특별시, 광역시, 시, 군, 읍, 면
심리분석적 변수	라이프스타일 개성	여피족, 오렌지족, 386세대 권위적, 사교적, 보수적, 야심적
행동분석적 변수	편익	기능적 편익 : 편의성, 경계성 심리적 편익 : 제품 이미지, 신분과시, 자기만족
	사용량 사용 경험 브랜드충성도	소량사용자, 중량사용자, 다량사용자 다정용, 선물용, 휴대용, 사무실용, 점포용, 가정용 자사 브랜드 애호자, 타사 브랜드 애호자

을 만족시켜 준다' 는 말은 '어느 누구도 제대로 만족시킬 수 없다' 란 말과 동의어가 되어버렸다. 마케팅 메시지는 이른바 엣지edge, 시퍼렇게 날이 서야 한다. 참을 수 없을 정도로 뾰족해야 한다. 그 뾰족한 날이 고객의 눈과 귀를 붙잡고 발길을 붙들어 맨다. 모두를 만족시키기 위한 평균적인 메시지는 어느 누구에게도 울림이 없다. 허공을 스치는 바람일 뿐이다.

그렇기에 '틈새' 를 찾아야 한다. 창의적인 시각으로 시장을 나누어 비어 있는 세분시장을 찾아야 한다. 틈새라는 의미의 '니치Niche' 는 그동안 주류시장에 진입하지 못한 기업이나 브랜드가 절박한 생존 차원에서 뚫고 들어가야 할 소극적 개념을 가리켰다. 하지만 여기서 한 발 더 나아갈 필요가 있다. 기업 입장에서 보면 이제 세상은 나만의 니치가 아니면 살아남을 수 없는 새로운 환경으로 변화했다. 평균적인 제품에 기꺼이 지갑을 열던 기존의 중간 대중들이 사라지고 세상은 '획일적인 대중사회'에서 '잡식성 대중사회'로 변모했다. 시장을 향한 융단 폭격식 광고를 통해 모두를 만족시키려는 전략은 이제 성공하기 힘들다. 더 이상 대중의 평균적 기호를 파악하는 통계조사는 잊어버리자. 만인이 저마다 특별한 존재가 되기를 원하고 만물이 제각각 자신만의 틈새를 지니는 세상이 현재의 소비 시장이다.

햄버거를 팔더라도 아이들을 타깃으로 '간편하면서도 맛있게 먹을 수 있는 한 끼 식사'로 팔 것인지, 외환 딜러처럼 바쁜 시간을 쪼개어 일하는 프로 비즈니스맨들을 타깃으로 '미래의 성공을 위한 열정의 에너지원'으로 팔 것인지를 두고 선택해야 한다. 어떤 선택을 하느냐에 따라 각종 패키지 디자인과 매장 인테리어, 광고 모델과 광고의 분위기 등이 모두 달라진다. 결과도 천양지차가 될 것임은 당연지사다.

국내 여성 속옷 전문기업인 남영비비안. 이 회사의 브랜드는 비비안 하나가 아니다. 남영비비안은 현재 백화점 전문점용 고급 브랜드인 '비비안', 대형마트용 '드로르', 홈쇼핑용 '로즈버드' 등 유통채널에 따라 다양한 브랜드로 시장을 세분하며 국내 여성 속옷 시장을 주도하고 있다. 최근엔 '비비안' 브랜드도 타깃들의 라이프스타일을 기준으로 10대 후반에서 20대 중반 여성들을 타깃으로 한 '비비안 프레시', 좀 더 고급스럽고 우아한 디자인의 '비비안 꾸띄르' 등으로 더 잘게 쪼겠다. '비비안'이라는 단일 브랜드로 대한민국 모든 여성을 커버하는 게 아니라 시장을 다양한 기준에 다라 세분화하고 각 세분시장별로 그들의 특성에 맞

햄버거, 어떤 타깃,
어떤 **콘셉트**가
유효할까?

아이들이 간편하고
맛있게 먹을 수 있는
패스트푸드

VS

프로 비즈니스맨들이 성공을 위해
바쁜 시간을 쪼개며 일할 때 먹는
에너지원

는 개별 브랜드로 시장을 공략하고 있는 것이다. STP의 생생한 예다.

최근 '급증하는 제화 시장'이란 헤드라인을 달고 나온 기사에도 시장 세분화와 타기팅, 포지셔닝의 개념이 숨어 있다. 정체 중인 의류 시장과는 달리 매년 가파른 성장세를 보이고 있는 제화 시장을 설명하는 데도 이 STP 개념이 유효하다는 말이다. 불과 얼마 전까지만 해도 남자들에게 신발이란 단 두 종류였다. 구두, 그리고 운동화가 그것이다. 그러나 지금 남자들의 신발은 다양하기 그지없다. 예전엔 구두라는 단어 하나로 통용되던 의미가 이젠 끈이 있느냐 없느냐에 따라 레이스업 슈즈와 슬립온으로 나뉜다. 그뿐인가? 윙팁, 스트레이트팁, 더비, 몽크 스트랩, 로퍼, 보트슈즈 등 구두의 종류도 무척이나 다양하다. 운동화도 마찬가지다. 언제부턴가 우리 삶 속에 자리 잡은 단어, 스니커즈가 그렇고 캔버스화가 그렇다. 야구를 하려면 야구화를 사야 되고 축구를 하려면 축구화가 필요하다. 달리기를 위한 러닝화야 그렇다 치지만 걸을 때 신는 워킹화도 이젠 필수품이다. 이런 시장세분화의 정점은 레인부츠다. 언제부터 우리가 비 올 때 레인부츠를 이렇게 챙겨 신었던가? 그동안 텅텅 비어 있던 신발장이 이젠 여러 가지 신발들로 입추의 여지가 없다. 고객의 욕구를 세분화해서 그에 적합한 새로운 제품을 만들어내니 매출이 늘어나는 건 당연한 일이다.

:: 포지셔닝, 고객의 머릿속 지도를 그려라

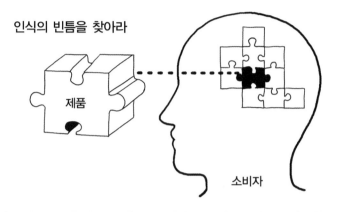

포지셔닝은 고객의 인식 속에서 비어 있는 틈새를 찾아 내 것으로 만드는 작업이다.

포지셔닝Positioning은 포지션Position, 즉 위치라는 단어에 현재진행형 'ing'가 붙은 말이다. 단어 뜻 그대로 고객의 인식상에 어떤 포지션(위치)을 차지할 것이냐의 문제다. 이걸 좀 풀어서 쓰자면 우리의 제품은 고객에게 과연 어떤 의미가 있느냐라는 것이다. 예를 들어보자. '검색'이란 단어에 우리는 어떤 회사를 떠올리는가? '빨래엔 ○○'이란 문장에는 어떤 브랜드가 들어가야 할까? 아마도 다들 구글과 피죤을 떠올렸을 것이다. 구글과 피죤이란 브랜드는 우리의 머릿속에 검색과 빨래란 분야에서 탄탄한 자기만의 '포지션'을 확보하고 있는 것이다.

『포지셔닝』이란 책을 공저했던 알 리스와 잭 트라우트는 포지셔닝과 관련하여 이렇게 말한다.

> **❝** 포지셔닝은 상품에서 시작한다. 그러나 포지셔닝은 상품에 대하여 어떤 행동을 취하는 것이 아니라 잠재고객의 마음속에 자신의 이미지와 상품의 위치를 잡아주는 것이다. **❞**

포지셔닝은 거꾸로 사고하는 것이다. 포지셔닝은 자기 자신에서부터 시작하는 게 아니다. 고객의 마인드에서부터 출발해야 한다. 고객이 우리를 무엇으로, 어떻게 받아들이고 있는지를 살펴보라. 포지셔닝의 출발점은 그곳에서부터 시작된다. 지금 우리의 포지션을 확인하고 우리가 원하는 위치로 이동하기 위해서는 고객의 인식상에 어떤 메시지를 던져야 할지를 고민해야 한다.

그렇다면 지금 우리의 위치는 어떻게 확인할 것인가? 예를 들어 수입차 브랜드들을 생각해보자. 다양한 자동차 브랜드들도 '고급의', '실용적인', '전통적인', '스포티한' 등의 이미지로 축을 만들어놓으니 각각의 위치를 표시할 수 있다. 포지셔닝맵_{Positioning Map}이다. 각 이미지 차원별로 고객의 머릿속을 표현한 지도인 셈이다. 이렇게 지도를 그려놓고 나니 우리 브랜드를 포함하여 개별 브랜드들의 위치가 한눈에 들어온다. 애초에 우리가 의도한 브랜드 아이덴티티에 적합한 자리에 잘 위치해 있는지 확인하고 그렇지 않다면 추가적인 마케팅 커뮤니케이션을 통해 원하는 포지션으로 이동할 수도 있다. 새로운 브랜드를 런칭하는 거라면 경쟁이 덜 치열한, 비어 있는 위치를 겨냥해 시장에 진입할 수도 있다. 고객의 머릿속을 들여다볼 수 있는, 여러 모로 유용한 지도다.

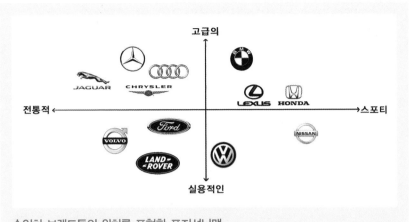

수입차 브랜드들의 위치를 표현한 포지셔닝맵.
고객이 인식하는 각 브랜드들의 위치를 직관적으로 파악할 수 있다.

※출처 참고

　물론 우리의 상상력과 창의력에 따라 각 축의 단어들은 얼마든지 다른 것으로도 대체 가능하다. 예컨대 연령대가 들어갈 수도 있고 소득수준이 들어갈 수도 있다. 다양한 축으로 전체 브랜드들의 위치를 확인할 때보다 입체적인 마케팅이 가능해진다. 포지셔닝 개념의 효용이다.

:: 기저귀 vs 스타일 팬티, 무엇으로 팔 것인가?

요실금 기저귀 사례는 포지셔닝의 개념을 웅변한다. 연세가 많은 어르신들에게 필요한 요실금 기저귀는 사실 구매하는 입장에서 보자면 필요하긴 해도 썩 유쾌한 제품은 아니다. 지금껏 살아온 인생이 얼만데 기저귀라니, 속이야 상하지만 필요하니 다른 재간이 없다. 마트에서도 요실금 기저귀의 매대는 아기들 기저귀 옆에 있다.

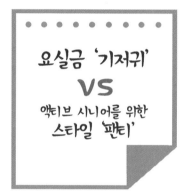

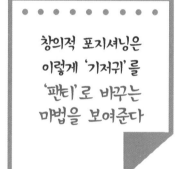

그런데 유한킴벌리가 보다 활동적인 시니어들의 삶에 대한 긍정적인 인식을 확대하기 위해 '액티브 시니어 캠페인'을 시작했다. '액티브 시니어를 위한 스타일 팬티'는 이 캠페인의 다양한 결과물 중 하나다. 포지셔닝의 변화다. 같은 아이템도 기저귀로 팔 것이냐, 스타일 팬티로 팔 것이냐에 따라 전혀 다른 결과를 가져온다. '기저귀'가 '팬티'로 바뀌니 많은 것들이 바뀌었다. 매출은 차치하고라도 구매자들의 마음부터 훨씬 가

벼워졌다. 유아용 기저귀 옆에 있던 매대도 성인들 속옷 매대 옆으로 옮겨졌다. 고객의 머릿속에 기저귀란 콘셉트로 포지셔닝되어 있던 아이템이 스타일 팬티란 콘셉트로 새롭게 포지셔닝되는 창의적인 상황이다.

"다 잘합니다. 시켜만 주세요. 뭐든지 열심히 하겠습니다."

채용 면접 시 자신의 장단점에 대해 물으면 흔히 듣게 되는 대답 중 하나다. 그러나 이런 대답엔 울림이 없다. 요즘같이 복잡다단한 세상에서 다 잘한다는 얘기는 결국 뾰족하게 잘하는 게 아무 것도 없다는 뜻이다. 즉, 나만의 필살기가 없다는 의미. "이런 점은 다른 사람들보다 좀 떨

당신은 누구를 직원으로 채용하시겠습니까?
"다 잘합니다. 시켜만 주세요. 뭐든지 열심히 하겠습니다."
VS
"이런 점은 다른 사람들보다 좀 떨어지지만
저런 점은 어느 누구보다도 뛰어나다 말씀드릴 수 있습니다"

어지지만 저런 점은 어느 누구보다도 뛰어나다 말씀드릴 수 있습니다"란 대답이 귀에 걸리고 마음을 잡는다.

순댓국밥집을 하나 운영하더라도 이런 강렬한 포지셔닝이 필요하다. "우린 순대도 맛있고요, 내장도 맛있습니다. 들어가는 재료 하나하나가 다 예술입니다." 모든 게 다 맛있다 말하는 구질구질한 이야기에는 감흥이 없다. 모두를 만족시키기 위한 상투적 포지셔닝이다. 하지만 "우리 가게는 국물에 목숨 걸었습니다"라는 표현은 다르다. 모두가 아니라 얼큰하고 시원한 국물을 찾는 사람들을 타깃으로 명확한 포지셔닝을 한다.

'국물에 목숨 걸었다'는 순댓국밥집. 강렬한 포지셔닝이다.

실제로 이름난 많은 맛집들에는 메뉴가 많지 않다. 핵심으로 내세우는 대표 메뉴를 중심으로 두어 가지의 연관 메뉴가 있을 뿐이다. 잘 안 되는 식당일수록 '카레라이스부터 동태찌개까지', 메뉴의 종류가 한쪽 벽면을 가득 채운다.

이런 과일 가게는 또 어떤가? '싸게 파는 게 죄라면 우리는 사형'이란다. 다른 말이 필요 없다. 다른 건 모르겠지만 저렴한 가격을 원하는 고객이라면 우리 가게로 오라는 이야기다. 과일과 채소가 맛있다는 둥 싱싱하다는 둥 구질구질한 군더더기가 없다. 오로지 가격만을 향한 돌직구로 고객의 머릿속에 강렬한 인상을 남긴다.

많은 회사들이 아직도 저지르고 있는 가장 큰 실수가 '모두'에게 어필

'저렴한 가격'을 강조하는 이 과일 가게는 고객의 머릿속에 '과일, 채소 값이 싼 가게'라는 포지셔닝 전략을 취하고 있다

하려는 것이다. 앞서도 살펴보았지만 이제는 모두를 만족시키려다가는 어느 누구도 만족시킬 수 없는 세상이다. 선택과 집중이 필요하다. 누가 우리 브랜드를 써서는 안 되는지를 생각해야 한다. 그래야 우리 브랜드의 포지션이 더욱 명확해진다. 버릴 것은 버려야 한다. 모두를 움켜쥐려는 것만큼 미련한 것은 없다. 포지셔닝 개념이 우리에게 주는 시사점이다.

:: D : 차별화Differentiation, 다르지 않으면 죽은 브랜드

리서치, 브랜드, 시장세분화, 타게팅, 포지셔닝에 이어 얘기할 마케팅의 핵심 개념은 차별화다.

영어마을의 몰락, 지자체들 '사업 베끼기'에 경종돼야

어느 신문의 사설 제목이다. 2012년 겨울, 경기도 안산 영어마을이 누적되는 적자를 이기지 못해 개원 8년 만에 문을 닫았다. 한때 열풍처럼 몰아친 영어마을 사업 붐으로 우후죽순 생겨난 전국 30여 개의 영어마을. 그러나 번지르르한 겉모습과 달리 속을 열면 대부분 적자투성이다. 규모가 가장 크다는 파주 영어마을도 개원 이후 6년간의 누적적자가 410억 원이라니, 다른 영어마을들은 말할 필요도 없다.

지자체들의 또 다른 민폐성 사업은 지역축제다. 함평 나비축제나 화천 산천어축제 등 나름의 특색을 가지고 사람들의 발길을 잡아 끈 성공적인 축제도 있지만 대부분의 지역축제가 그 나물에 그 밥이다. 2014년에만 전국에서 개최된 연꽃 축제가 12개란다. 그러다 보니 지역의 특색은 온데간데없다. 남는 건 상술뿐이다. 이렇듯 서로 경쟁이 붙다 보니 중요한 건 '건수 채우기'다. 다른 곳에서 한다면 우리도 질 수 없다. 마술이나 노래자랑 등 축제의 주제와는 상관없는 뜬금없는 공연들이 행사를 채운다. 지역의 특징을 살린 내실 있는 축제가 나오기 힘든 이유다. 이런 축제가 1년에 2,500여 개다.

차별화 = 다른 브랜드와 구별될 만큼 독특하면서
동시에 고객에게 가치를 주는 것

마케팅에서 이야기하는 '차별화'의 의미다. 앞서 언급한 영어마을과 지역축제의 문제점은 바로 이런 차별화 포인트의 부재다. 수요가 공급을 초과하던 시절, 제조는 바로 판매로 이어졌다. 고객이 원하는 기능만 갖추면 고객은 기꺼이 지갑을 열었다. 하지만 수많은 브랜드와의 경쟁에서 살아남아야 하는 공급 초과의 시장에서 '차별화'는 이제 핵심적인 생존 요건이다. '남들이 하니 나도 어찌되겠지' 하는 베끼기 일변도의 순진한 생각으로는 결코 고객의 선택을 받을 수 없다. 옆집의 제품, 서비스와 다른 게 없다면 고객이 굳이 우리 집을 찾아와 우리 제품이나 서비스를 선택해야 할 이유가 도대체 뭐란 말인가? '차별화'는 그래서 고객으로 하여금 우리를 선택할 이유를 만들어주는 신성한 작업이다.

'영덕 대신 울진 대게, 상주 대신 산청 곶감.' 최근 백화점들이 기존의 주산지가 아닌 '제2산지' 특산품 발굴에 사활을 걸고 있다는 소식이다. 가격이나 생산 등 다양한 이유로 물량 수급이 힘들어지자 새로운 대체재의 발굴에 적극적일 수밖에 없는 유통가 소식을 접하며 차별화의 의미를 곱씹게 된다. 차별화, 말 그대로 누구도 대체할 수 없는 유일무이한 존재가 된다는 의미다. 우리네 삶도 마찬가지다. 구조조정이 일상화된 작금의 직업 현장에서 중요한 덕목은 차별화된 나만의 능력이다. 어느 누구나 대체할 수 있는 능력을 가지고 있다면 구조조정 0순위가 될 것은 불을 보듯 뻔하다. 기업이나 개인이나 차별화된 나만의 무기가 필요한 이유다.

차별화

고객으로 하여금
나를 선택할 이유를
만들어주는 것

"남과 다르다는 것은
'눈에 띈다'는 뜻이고
그것은
'매력적'이라는 의미다.
마케팅 측면에서 보면
눈에 띄어야
살아남을 수 있다.
'다르다'는 느낌을
주지 못하는 브랜드는
죽은 브랜드다."

하루에도 수백, 수천 개의 브랜드가 쏟아져 나오는 요즘 '차별화'와 관련하여 몇 번이고 곱씹어봐야 할 프랑스의 세계적 생활용품 회사 '렉슨디자인'의 CEO 르네 아다의 말이다.

렉슨디자인은 1991년에 창업한 생활소품 디자인 회사로 현재 75개국 6,000여 개 매장에서 일상 속 디자인의 가치를 전달한다. 이 회사의 스테디셀러 중의 하나인 티코Tykho 라디오는 고무로 래핑된 방수 라디오다. 혹시 욕실에서 샤워를 하거나 목욕을 할 때 혹은 햇빛 쏟아지는 해변이나 수영장에서 음악을 듣고 싶은 생각이 들 때가 있었던가? 만약 그럴 때가 있었다면 티코 라디오는 이 세상 수많은 라디오들 사이에서 스스로를 선택할 이유를 우리에게 만들어준다. '차이'를, 세상을 살아가는 유일한 생존법이라 역설하는 르네 아다 CEO는 차별화의 힘을 몸소 우리에게 보여준다.

렉슨디자인의 고무 라디오 티코Tykho.
단지 그렇고 그런 또 하나의 라디오가 아니다. '방수 라디오'라는 티코만의 차별적인 콘셉트는 그 자체로 고객의 눈길을 끈다.

대기업 프랜차이즈 빵집 때문에 영업이 힘들다는 아우성들. 동네 빵집들의 고통이 큰 것도 사실이다. 하지만 여기, 자신의 매장이 대기업 프랜차이즈와 무엇이 다른지 그 차별화 포인트를 명확하게 정리하여 매장에 써 붙여놓은 빵집이 있다.

하나, 완제품을 배송 받아 판매하는 것이 아니라 우리 매장의 모든 빵은 직접 만들어 더욱 신선합니다.
둘, 프랜차이즈 매장에서 일부 굽는 빵도 냉동 생지입니다.
셋, 우리 매장의 쿠키는 하청을 주어 만든 것이 아니라 직접 우유 버터만을 사용해서 만들어 더욱 고소하고 맛있습니다.
넷, 우리 매장의 케이크는 직접 구운 카스텔라를 사용하고 있습니다.
다섯, 우리 매장에서 판매하는 모든 빵과 케이크에는 설탕량을 최소화하였습니다."

비록 그 문장이 다소 투박하고 거칠긴 하지만 자신의 빵집의 차별화 포인트를 발굴하여 정리한 그 마음이 바로 살아 있는 마케팅이고 생생한 차별화다.

:: 간판이 말을 걸어요

사실 이런 마케팅 개념, 특히 그중에서도 차별화 개념은 이른바 소상공인들에게 더욱 필요한 개념이다. 마케팅이라 해서 뭔가 거창한 기획과 막대한 예산이 필요한 건 아니다. 길거리에 즐비한 간판들에도 마케팅 개념은 녹아 있다. 우리 가게가 어떤 서비스를 혹은 어떤 제품을 제공할 수 있는지를 알려주는 간판은 그 자체가 브랜드요, 마케팅이다.

아래 간판을 보자. 우리가 흔히 알고 있던 김밥 가게의 그것과는 전혀 다른 느낌이다. 직사각형으로 가로로 길게 걸려 있던 분식집 특유의 촌스러운 간판이 아니다. 정사각형 틀 안에 귀여운 캐릭터 하나가 상호와 함께 깔끔하게 들어앉은 간판은 거리를 오가는 손님들에게 말을 건넨다. 차별화다.

명랑김밥 분식집의 차별화된 간판.
절로 눈길이 가며 절로 미소 짓게 만든다. 차별화의 힘이다.

차별화는 그런 것이다. 남들과 다르다는 것은 눈에 띈다는 뜻이고, 눈에 띈다는 것은 상대방과 새로운 관계를 만들 가능성이 매우 크다는 뜻이며, 그건 상대에게 먼저 말을 건넨다는 의미다.

하루에도 TV 한 채널에서만 쏟아져 나오는 광고가 대략 480개다. 케이블 채널을 포함한 대한민국 모든 TV 채널들을 합산하면 우리가 하루에 접하는 TV 광고만 해도 무려 7만여 개다. 이게 다가 아니다. 여기에 라디오 광고, 신문 광고가 있고 인터넷 광고, 모바일 광고가 있다. 거리에 뿌려지는 전단지와 간판들도 여기에 가세한다. 광고들의 홍수다. 그렇게 하루를 살고 잠자리에 누울 때 우리의 뇌는 과연 몇 개의 광고를 기억할까? 차별화가 중요한 이유 중 하나다.

이야기를 건네는 차별화된 간판은 광고의 홍수 속에서도 고객의 눈길과 발길을 잡아끄는 힘이 있다.

이 골뱅이 전문점 간판은 그래서 강하다. 도저히 그냥 지나칠 수가 없다. 간판 하나가 사람들에게 강력한 힘으로 말을 건다. 그 이야기를 듣지 않고서는 도저히 못 참을 것 같다. 하릴없이 가게 문을 열고 들어선다. 소주 한 병에 골뱅이 한 접시를 주문하고는 "그래, 주인장. 무슨 속사정이 있는지 그 이야기 한번 들어나 봅시다" 하게 만드는 차별화된 간판이다.

이렇듯 작은 가게 하나를 운영하더라도 나만의 색깔이 필요하다. 색깔 없는 가게는 고객의 선택을 받을 수 없다. 어떤 방향으로든지 나만의 개성을 살린 차별적인 임팩트가 있어야 한다. 여기 이발소도 그런 예다. 동네마다 하나씩 흔하게 볼 수 있는 이발소에 무슨 색깔이 있을 수 있냐고? 아래 그림은 그에 대한 답이다. '이발은 과학이고 예술'이라는 메시

이발에도 철학이 있다. 그런 철학이 있으니 고객도 이 가게를 다시 한 번 쳐다본다.

지 하나가 이 이발소를 여느 이발소와는 다른 곳으로 각인시킨다. "야, 이발에 대해 저런 철학을 갖고 있는 이발사라면 머리 한번 맡겨보고 싶은데", 자연스러운 고객의 반응이다.

그렇다면 차별화는 늘 그렇게 진지하게 삶을 이야기하고 숭고한 나의 철학을 담아야만 하는 것일까? 그렇지 않다. 차별화에는 방향이 없다. 남들보다 잘하는 게 아니라 남들과 다르게 하는 게 차별화다. 모두들 어깨에 힘주고 고상한 이야기를 할 때 내가 던지는 유머 하나가 고객의 마음을 사로잡는다. '외상 대환영'이라는 헤드라인에 간단한 서류만 있으면 외상이 가능하다며 무려 10가지의 서류를, 그것도 이장님 친필추천서까지 요구하는 스탠딩 배너 하나에도 고객의 마음은 열린다. 유머를 통한 차별화다.

따지고 보면 우리 모두는 각자가 다른 삶을 살아왔다. 세상에 나란 사람은 하나고 나에 대한 이야기는 유일무이하다. 내 주변의 모든 것이 결국 나의 이야기다. 그런 이야기 하나하나가 차별화의 소스가 된다. 내 살아온 이야기를 다 쓰면 소설책 몇 권 분량은 될 거라는 어른들의 이야기는 마케팅에도 오롯이 적용된다. 내 삶의 순간순간을 기록하라. 그 메모들이 모여 이야기가 되고 역사가 된다. 세상 그 어디에도 없는 나만의 차별화된 콘텐츠다. 그 안에 내 가게의, 내 제품과 내 서비스의 차별화 포인트가 녹아 있다.

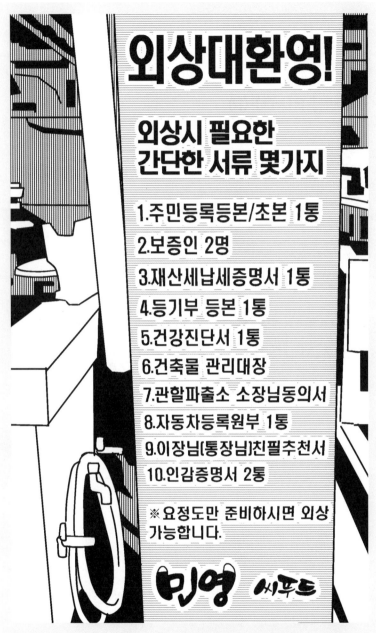

차별화, 반드시 진지할 필요는 없다. 차별화에는 정해진 방향이 없기 때문이다.

마케팅의 핵심 개념 급소 점검!

마케팅 리서치!(R)
'고객에게 묻지 말고
고객을 관찰하라'

브랜드!(B)
'브랜드도 자산이다'

시장세분화, 타기팅,
포지셔닝(STP)
'쪼개고 겨누고
자리매김하라!'

차별화!(D)
'남들보다 잘하는 게
중요한 게 아니다,
남들과 다르게 하라'

이상 마케팅의 핵심 개념, STP & BDR에 대해 살펴보았다. 적어도 이 여섯 개 개념만 머릿속에 확고히 넣어둔다면 실로 많은 것들이 달라 보이고 새롭게 보일 것이다. 단언컨대 우리 삶 속 마케팅은 이 여섯 개의 개념만으로도 충분히 설명 가능하다.

2장

살펴보자!
손에 잡히는
생생 마케팅

앞서 우리는 마케팅의 여섯 가지 핵심 개념에 대해 살펴보았다. 리서치, 브랜드, 시장세분화, 목표 그룹 설정, 포지셔닝, 차별화가 그것이다. 마케팅은 요컨대 우리 기업의 상품, 우리 기업의 서비스가 어떤 것인지 그리고 누구에게 필요한 것인지, 그들의 인식 속 어떤 위치에 자리매김할 것인지, 다른 경쟁 브랜드와는 어떻게 차별화시킬 것인지의 문제다. 마케팅을 알아야 시장이 보인다!

그렇다면 성공적인 마케팅을 위해서는 어떻게 해야 할까? 첫째, 내가 제공하는 제품과 서비스를 제대로 알아야 한다. 빛나는 통찰력에 기반한 우리 제품에 대한 세심한 연구와 숙지가 선행되어야 숨어 있는 시장을 찾아낼 수 있다. 둘째, 누가 우리의 고객인지를 알아야 한다. 주부들을 위한 제품을 가지고 청소년 혹은 직장인들에게 사라고 들이밀어 봐야 별 무소용이다. 인구통계학적 측면뿐만 아니라 사회심리학적 측면, 더 나아가 라이프스타일 측면에서 보다 창의적인 잣대로 시장을 쪼개 보아야 한다. 타깃을 '직장인'으로 설정하는 것과 '1인 가구로 살며 최신 패션 동향에 관심이 많은 구매력 있는 여성 직장인'으로 설정하는 것은 비즈니스 결과에서는 하늘과 땅만큼의 차이를 초래한다. 이른바 타기팅의 인문학이다. 마지막은 차별화다. 차별화는 고객들로 하여금 우리의 브랜드를 구매해야 할 이유를 만들어주는 것이다. '그 나물에 그 밥' 같은 제품으로는 소비자의 눈길을 끌 수 없다. 그들의 머릿속에 '콱!' 박힐 수 있는 나만의 차별적 한 단어, 그게 콘셉트이다. 하루에도 수많은 광고 메시지가 난무하는 요즘, 경쟁사와는 다른 차별화된 콘셉트가 필요한 이유다.

❤❤ 손에 잡히는 생생 마케팅 – 영감을 주는 〈STP〉 케이스

커피 한 잔을 마시면서도 과테말라 커피와 자바산 커피 그리고 케냐 블렌드가 어떻게 다른지 알고 싶어 하는 요즘이다. 전체 대중을 겨냥한 평균적인 콘셉트는 이제 머릿속에서 지워야 한다. 모든 것을 다 하려는, 모두를 만족시키려는 기업과 조직은 '누구나 알지만 아무도 좋아하지 않는' 대상이 되어 쇠락해버린다. 나만의 고객을 창출해야 한다. STP전략, 어느 누구도 넘볼 수 없는 나만의 아성을 구축하는 길이다. 즉, 전체가 아니라 틈새를 노려야 한다. 작지만 강한 강소기업의 비결이기도 하다.

이번 장에서는 앞서 알아본 마케팅 핵심 개념들을 우리 생활이나 비즈니스 현장 속 생생한 사례들을 통해 다시 짚어보려 한다. 아무쪼록 독자 여러분께서는 이 장에서의 다양한 사례들을 통해 무한한 영감을 받기를 바란다. 먼저 STP(시장세분화, 타기팅, 포지셔닝)의 생생한 사례들을 알아보자.

:: 선거 철마다 마케팅 전문가들이 바쁜 까닭은?

'대선, 프레임 전쟁 시작됐다'. 지난 2012년 9월 대통령 선거운동이 한창이던 시절, 모 일간지에 게재된 어느 기사의 헤드라인이다. 이 기사의 리드는 이렇게 이어진다.

- 국정 초보론 박근혜, "한 분야서 내공 쌓으려면 10년 필요"…… 문재인 · 안철수 아마추어리즘 부각
- 서민 대표론 문재인, "대통령 딸, 국민 정서 모른다"…… 정권 교체도 거론하며 박근혜 · 안철수 압박
- 새로운 정치 안철수, 박근혜 · 문재인 낡은 정치로 규정…… 대통령 묘역 모두 참배해 문재인과 차별화

선거의 경영학. 정치도 이젠 마케팅 개념이 녹아 있는 경영의 현장이다.

우선 '프레임'이란 단어가 눈에 걸린다. 자동차나 자전거, 건조물 등의 뼈대. 프레임의 사전적 의미다. 조금 더 찾아보니 인식의 방법이란 측면에서 '인간이 성장하면서 생각을 더 효율적으로 하기 위해 만든 생각의 처리 방식'이란 뜻으로도 쓰인단다. 일종의 '세상을 바라보는 창'이란 의미로 '패러다임'과도 통하는 데가 있다.

그런데 언제부턴가 정치판에서 자주 보게 되는 단어, '프레임'. 아직

도 대다수 국민들의 머릿속에 쟁쟁한, '참 나쁜 대통령'이라는 말이나 '악법(惡法) 대 약법(藥法)' 논쟁이 이런 '프레임'이 만들어낸 정치 현실의 단적인 예다. 여기서 정치적인 논의를 진행할 생각은 전혀 없다. 하지만 중요한 건 정치에서도 복잡다단한 이슈들을 단순화해서 강력한 한 방으로 유권자들의 머릿속에 자리 잡게 하는 게 그 어느 때보다도 중요해졌다는 것이다.

2007년 1월, 당시 노무현 대통령의 대통령 4년 연임제 제안에 대한 박근혜 당시 새누리당 전 대표의 한마디 논평은 많은 사람들의 마음을 움직였다. 특유의 감성적인 느낌까지 더해져 노무현 대통령은 국민들의 인식상 졸지에 '참 나쁜 대통령'이 되었다. 2008년 85건에 달하던 새누리당의 입법안들을 싸잡아 'MB악법'으로 명명한 민주당의 승리(?)도 같은 맥락이다. '악법'이라는 민주당의 파상적인 프레임 공격에 부랴부랴 대응책으로 꺼내 든 한나라당의 '약법' 프레임은 힘이 달렸다. 이런 게 바로 '프레임'이다. 여기에 마케팅에서 이야기하는 '콘셉트' 그리고 '포지셔닝' 개념과의 연결고리가 있다.

66 마케팅에서 컨셉의 역할은 소비자가 갖고 있는 니즈를 어떻게 충족시키느냐를 이해시키기 위한 것이다. 따라서 컨셉의 역할은 소비자에게 가치를 이해시키는 것이다. 마케팅에서 컨셉은 '구매를 유도하기 위해(혹은 통일된 방향을 제시하기 위해) 소비자가 경험할 가치에 대한 아이디어를 언어로 정리하여 이해하도록 한 것'으로 정의된다. 한마디로 제품, 서비스와 차별화된 가치를 제시하여 소비자가 왜 구매해야 하는가를 설명한 것이 컨셉이다. 99

김근배 저, 『컨셉크리에이터』

앞에서 언급한 신문기사 내용을 마케팅의 관점에서 다시 한 번 찬찬히 살펴보자. 우선 '프레임 전쟁'이란 표현은 마케팅에서 이야기하는 '콘셉트 개발'의 개념과 그 궤를 같이한다. 이른바 시장의 판을 어떻게 짤 것인가의 문제다. 나의 콘셉트를 명확하게 드러냄으로써 경쟁자와의 대결 구도를 극명하게 드러내 보인다. 왜 유권자들이 다른 후보가 아니라 나에게 투표를 해야 하는지 그 이유를 설명해주는 이 과정은 경쟁사는 갖고 있지 못한 차별화된 우리 제품만의 우월적 가치를 한 단어로 제시하는 마케팅 콘셉트 개발의 과정이다.

어디 콘셉트뿐인가? 이 기사엔 시장세분화, 타기팅, 포지셔닝의 개념도 오롯이 녹아 있다. 대선에 출전한 각 후보자들의 진영은 대한민국 전체 국민을 향해 말을 건넨다. 하지만 엄밀하게 보면 이 말은 반만 사실이고 반은 사실이 아니다. 대한민국 국민들 중에는 우리가 어떤 말을 하더라도 눈 하나 깜박하지 않을 '골수 반대파'도 있고 정치 자체에 심드렁한, 누가 대통령이 되어도 상관없는 '정치 무관심파'도 있다. 각 진영에서 커뮤니케이션 효율을 높이기 위해 유권자 그룹을 성性, 지역, 연령, 정치성향, 지지정당 등 다양한 기준으로 나누어 분석하는 이유다.

그렇게 나누어 놓은 여러 세분그룹들 중 우리 진영에 우호적인 집단이 어딘지 분석하고 그들을 타기팅하여 우리의 콘셉트를 전달함으로써 우리에게 유리한 프레임을 확대재생산하는 게 '시장세분화'고 '타기팅'이고 '포지셔닝'이다. 새누리당 발, '정치 시작한 지 얼마 안 되는 초보에게 대통령을 맡겨서야 되겠습니까? 10년 이상 준비된 전문가가 맡아야죠' 하는 메시지가 '국정초보론'이라는 콘셉트로 간결하게 정리되고 그 결과 전장은 '초보 대 전문가'의 구도로 설정된다. 민주당에서 말하는 '서민 대표론'이란 콘셉트 또한 같은 맥락이다. 이제 대통령은 서민 중에서 나와야 한다는 의미를 짧은 단어로 응축해서 유권자들에게 전달한다. 이른바 '서민 대 귀족'의 프레임을 상정한다. 안철수 진영의 '새로운 정치론'도 꽤나 큰 힘을 발휘했던 콘셉트다. 새누리당과 민주당을 싸잡아 '낡은 정치'로 규정하고 스스로의 콘셉트를 '새로운 정치'로 규정했다. 유권자들의 머릿속에 낡은 정치가 아닌 새로운 정치로 본인의 정체성을 포지셔닝하려는 의도다.

이것이 지난 대선 선거 캠페인의 기본적인 뼈대다. 그런데 이 모든 과정을 자세히 들여다보면 모든 고객을 만족시킬 수 없기에 시장을 잘게 쪼개고 그중 우리의 제품 혹은 서비스가 잘 먹힐 만한 유효 그룹을 타깃으로 설정하고 그들에게 우리의 브랜드를 차별적으로 각인시키려는 마케팅의 그것과 완전한 판박이다. 선거철만 되면 각 정당들에서 이름깨나 알려진 마케팅 전문가들을 앞다퉈 모셔가는 광경이 최근 반복적으로 연출되는 이유가 바로 여기에 있다. 정치 또한 이젠 마케팅의 눈으로 보아야 한다. 어떤 고객에게 어떤 이야기를 함으로써 그들의 머릿속 어디에 나를 자리매김할 것이냐가 앞서 설명했던 시장세분화Segmentation, 목표 그룹 설정Targeting, 포지셔닝Positioning의 문제다.

여기서 하나 짚어볼 부분, 마케팅은 콘셉트 싸움이다. 콘셉트는 이유 여하를 막론하고 간결해야 한다. 이래서 좋고 저래서 좋고, 좋은 점만 이야기하자면 한 달을 이야기해도 모자랄 판이지만 안타깝게도 고객의 기억력은 그다지 좋지 않다. 그들은 기억하고 싶은 것만 기억하는 존재다.

조금이라도 복잡하거나 어려운 이야기들은 그들의 머릿속에 둥지를 틀 수가 없다.

그 말에 동의할 수 없다고? 그렇다면 지금 당장 기억해낼 수 있는 전화번호가 몇 개나 되는지 한번 세어보라. 그리고 어제 그렇게 숱하게 접했던 광고들 중에서 기억나는 광고가 몇 개나 되는지 돌아보라. 하루에 접하는 광고의 개수가 무려 3천여 개에 달한다는, 그러나 그중 사람이 기억할 수 있는 광고는 아홉 개밖에 안 된다는 어느 연구 결과를 굳이 빌리지 않더라도 사람들의 머리는 이미 넘쳐나는 정보들로 가득하다. 이런 상황에서 그들에게 무턱대고 나의 메시지를 들이민다면 이건 마케팅 효과는 차치하고 역효과나 안 나기만 바라야 할 상황이 될 것이다. 최대한 쉽고 간결하게 그리고 임팩트 있는 표현으로 콘셉트를 벼려야 하는 이유가 여기에 있다. 그런 면에서 보면 국정 초보론, 서민 대표론, 새로운 정치론 모두 우열을 가리기 힘들 정도로 심플한 마케팅 콘셉트들이다.

여기 또 하나의 정치면 기사가 있다. 역시 지난 2012년 대선 정국 세 유력 후보자에 대한 기사다. 이 기사 또한 헤드라인이 눈길을 끈다.

박근혜, 바지 정장 '전투 모드'… 문재인, 염색 거절, '백발 고집'… 안철수, 지방 갈 땐 '단벌 점퍼'

읽어보니 여자라서 불안하다는 우려를 불식시키기 위해 일부러 바지 정장을 통해서 강한 이미지를 연출하고 정치 신인이라는 약점을 희석시키기 위해 백발을 고집함으로써 노련한 이미지를 부각시키며 돈 많은 부자 CEO라는 이미지를 지우고 소탈하고 인간적인 이미지를 강화하기 위해 점퍼를 입는다는 내용이다. 옷차림도 전략이라 했던가? 퍼스널아이덴티티Personal Identity라고 불리는 PI 전략의 예다. 이제 정치인도 특정 이미지를 연출함으로써 국민들의 뇌리 속에 하나의 브랜드로서 강력한 자리매김을 시도한다. 브랜드로서의 개성Brand Personality을 표현함으로써 선택지로서의 여러 대안들보다 유리한 위치에 스스로를 자리매김하고자 하는 것이다. 이른바 브랜드 이미지 관리다.

고객에게 우리 브랜드가 어떻게 비쳐졌으면 하는지를 설정하고 실제 그 결과를 지속적으로 모니터링하면서 그 간극을 줄여나가는 것, 이게 바로 마케팅에서 이야기하는 브랜드 관리Brand Management다.

이제 정치인도 마케팅을 모르고서는 정치를 할 수가 없다. 유권자로부터 표를 얻기 위한 선거는 어떻게 보면 이제 고객들로부터 선택을 받기 위한 마케팅 전쟁과 다를 바 없다.

고객의 고통, 고민, 고충을 해결해줌으로써 그들을 행복하게 만들어주는 게 마케팅이라면 세종대왕은 역사상 길이 남을 전설적인 마케터다.

참, 정치인들이 마케팅을 알아야 하는 이유는 하나 더 있다. 앞서 정의한 것처럼 마케팅은 이제 '고객의 고통, 고충, 고민을 해결해줌으로써 그들을 행복하게 해주는 것'이다. 그런 관점에서 보면 세종대왕은 실로 탁월한 마케터다. 어려운 한자 때문에 제 뜻을 쉽게 표현하지 못하는 백성들을 불쌍하게 여겨 새로 한글 스물여덟 자를 만드신 세종대왕이다. 비록 수익을 추구하는 비즈니스 차원은 아니지만 한자의 어려움으로 고통 받는 고객(백성)들을 위해 해당 제품(한글)을 출시(창제)함으로써 그들을 행복하게 해주려 하셨던 세종대왕의 마음에서 마케팅의 뿌리를 읽게 된다. 우리 정치판에서 이런 마케팅 마인드로 무장한 정치가를 보기는 진정 요원한 걸까?

:: '국민카드'는 없다, 나를 위한 카드만 있을 뿐

경기가 도통 살아나지 않는 가운데 신용카드 업계의 마케팅 전쟁도 치열하다. 카드 마케팅의 새로운 역사를 써 내려가고 있는 현대카드 광고를 하나 보자. 지금은 포인트 적립과 캐시백, 단 두 가지 혜택으로 카드 제품 라인을 새롭게 정비하고 있지만 얼마 전까지만 해도 고객 라이프스타일에 따른 다양한 카드 제품들로 고객의 니즈를 충족시켰던 현대카드의 인쇄광고다.

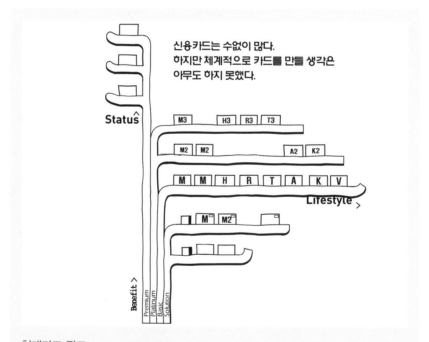

현대카드 광고.
현대카드는 단일 브랜드가 아니라 시장을 잘게 쪼개고 각각의 세분시장에 맞춘 개별 브랜드 카드로 시장을 공략하고 있는 STP의 대표적인 사례다.

이 광고는 현대카드의 전체 제품 라인을 한눈에 보여준다. 사회적 지위를 기준으로 한 블랙카드, 퍼플카드, 레드카드가 제일 왼쪽에 있고 오른쪽으로는 고객 라이프스타일에 맞춤해서 M, H, R, T, A, K, V 등의 다양한 카드들이 줄 서 있다. 우리나라 카드업계에 새로운 획을 그었던 '알파벳 카드'다. 라이프스타일을 기준으로 시장을 세분화하고 각각의 세분시장에 적합한 카드를 시장에 출시한 것이다. 그리고 그 카드들도 혜택의 정도에 따라 1, 2, 3 레벨로 나누어 놓았다. 현대카드 M이라는 하나의 상품으로 대한민국 전체 카드 시장을 공략하고 있는 게 아니라는 점, 이게 포인트다. 시장을 쪼개고 겨누어 말하는 전형적인 STP 사례다.

카드업계의 대표적인 또 다른 플레이어, 삼성카드의 광고도 같은 맥락이다. 현대카드의 '알파벳 카드'에 대응하여 시장에 출시된 '숫자 카드' 광고다. 이 광고는 '당신의 숫자는 무엇인가요?'라는 헤드라인으로 고객에게 질문을 던진다. 바디 카피를 읽어 내려가다 보니 '내 삶을 즐기는' 사람들은 1그룹이란다. '트렌드가 먼저'인 사람은 2그룹이란다. '하고 싶은 게 다양'하면 3그룹이고, 4그룹은 '할인을 챙기는' 사람들이란다. 그렇게 고객의 가치관이나 라이프스타일에 따라 시장을 쪼개고 묶는다. 1그룹은 1카드를 쓰고 2그룹은 2카드를 쓰라는 이야기다. 삼성카드 역시 삼성카드라는 단일 상품으로 대한민국 전체 시장을 공략하는 게 아니다. 시장을 쪼개어 각각에 맞는 개별 제품들로 세부 시장을 공략한다. STP의 전형적인 사례다.

:: 작고 똑똑한 가구, 누구를 위한 것인가?

또 다른 사례는 가구다. 싱글족들을 겨냥한 '작고 똑똑한' 콘셉트의 가구가 인기 몰이 중이라는 한 기사도 나왔다. 지금까지의 가구 시장은 단순했다. 신혼부부들을 위한 가구, 4인 가족을 위한 가구 등 이 정도 분류에서 특별히 더 나눌 게 없던 시장이었다. 그런데 그랬던 가구도 달라졌다. 1인 가구가 늘어나다 보니 많은 가구업체들도 그들을 겨냥하기 시작했다. 그래서 나온 제품들이 서랍장과 책상이 합쳐진 디자인이라든지 소파와 침대가 합쳐진 소파베드 같은 제품이다. 이젠 침대 하나를 만들어도 타깃이 다 다르다.

 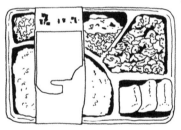

르네상스 호텔 도시락
(6만 3,800원)

편의점 도시락
(3,000원)

초고가와 대중적인 중저가의 아이템이 공존하는 도시락 시장.
시장을 쪼개고 목표 그룹을 겨냥하여 고유의 콘셉트를 전달하는 STP 개념을 극명하게 보여주고 있다.

도시락 사례도 있다. 우리가 흔히 먹는 도시락도 저마다의 타깃이 있다는 것을 아시는지. 지금까지의 도시락은 사실 반찬만 좀 다르지 대동소이한 수준이었다. 그런데 더 이상은 아니다. 스텔스 폭격기가 정확한 공격 지점을 폭격하듯 각 업체에서 출시하는 도시락도 저마다의 정확한 고객군을 지향한다. 이른바 VIP 고객들을 위한 고가의 도시락도 있고 일반 대중을 대상으로 한 중저가 도시락도 있다. 저마다의 날을 가지고 제각각의 타깃 그룹을 겨냥해야 비즈니스 효과가 있다는 것을 보여주는 STP 개념은 이런 우리의 일상사, 도시락도 비켜가지 않는다.

:: 호텔에도 콘셉트가 있다

아로나민 골드를 아시는지. 광고모델이었던 곰과 탤런트 백일섭 씨로 유명한 우루사와 함께 일세를 풍미한 피로회복제다. '육체피로엔 아로나민 골드!' 라는 파워 카피를 보유한 전통의 브랜드이기도 하다. 그렇다면 이 아로나민 골드의 제품라인에 아로나민 씨플러스, 아로나민 아이, 아로나민 EX가 있다는 사실도 아시는가. 여기에도 STP란 렌즈를 들이대면 전략은 또렷해진다.

그동안 고객들에게 있어 피로는 '육체피로' 하나였다. 그러나 이내 고객의 니즈가 세분화되기 시작한다. "난 몸은 괜찮은데 요즘 눈이 침침한 거 같아", "난 요즘 왠지 피부가 꺼칠하네", "난 손발이 자꾸 저려". 시장의 자연스러운 세분화가 아니라 기업의 인위적 세분화의 가능성도 물론 있다. "몸은 괜찮으시다고요? 그럼 눈은 어떠세요? 눈이 침침하거나 뻑뻑하지 않으세요?", "손발이 자꾸 저리시죠? 그거 피가 잘 안 돌아 그런 겁니다" 등등의 마케팅 메시지가 시장을 또 잘게 나눈다. 그렇게 완성된 제품군이 바로 다음 페이지의 그림이다. 물론 이로써 완성된 것은 아니다. STP는 지금 이 시간에도 현재진행형이다. 만약 아로나민 씨플러스와 아로나민 아이 그리고 아로나민 EX를 여태 몰랐다면 다행이다. 여러분은 이런 제품들의 타깃이 아닌 건강한 사람이라는 반증이다.

일동제약의 아로나민 골드를 중심으로 한 제품 라인업은 STP 개념을 잘 보여주는 사례다. 이렇듯 제약회사의 피로회복제에도 마케팅 개념이 녹아 있다.

※출처 참고

자, 이번엔 물 건너 해외 사례를 하나 살펴보자. 아래 보시는 이미지는 어느 업체의 인쇄광고다. 도대체 어떤 제품을 광고하는, 무슨 내용일까?

네덜란드 한스브링커버짓 호텔의 인쇄광고들.
특급호텔을 따라가는 아류의 마케팅이 아니라 경제적인 가격을 중요시하는 젊은 고객들에게 포커스를 맞춘 역발상의 재미있는 광고들이다.

※출처 참고

먼저 왼쪽 이미지를 보면 고무장갑을 낀 손으로 객실 문을 벌컥 열고 있는 모습이다. 그리고 이어지는 카피는 '번거롭게 해드려 죄송합니다!' 오른쪽 이미지는 추운지 이불로 온몸을 꽁꽁 싸매고 있는 어떤 사람의 모습. 도대체 이 광고는 무슨 이야기를 하고 싶은 것일까?

알고 보니 이는 어느 호텔의 광고다. 한스브링커버짓 호텔이다. '버짓budget' 이란 단어에서 눈치채셨겠지만 이 호텔은 고급 호텔이 아닌 경제적인 가격을 내세우는 중저가 호텔이다. 대한민국 서울 시내 특급 호텔 1박 가격이 50만 원을 넘는 요즘이다. 친절한 서비스와 화려한 인테리어, 깔끔하고 고급스러운 시설을 원하는 고객들이야 그 정도의 금액을 지불하고서라도 특급 호텔을 찾을 것이다. 그러나 모든 고객이 그럴까? "나는 그런 거 중요하지 않아. 하룻밤 자는 데 왜 그렇게 큰돈을 내야 돼? 난 밤이슬만 피할 수 있으면 돼."

한스브링커버짓 호텔의 타깃은 바로 이런 고객이다.

유럽의 싸구려 삼류 호텔이었던 한스브링커버짓은 스스로의 약점을 그대로 드러내 보이는 뻔뻔한 광고들로 유럽 젊은이들의 여행길 성지가 되었다. 모든 사람이 아니라, 재미를 찾으면서도 주머니 사정이 넉넉지 못한 젊은이들을 타깃으로 '우리는 비싸지 않은, 재미있고 젊은 숙소'임을 내세우는 한스브링커버짓 호텔. 무릎을 치게 만드는 참으로 영리한 역발상의 포지셔닝이다.

:: 개의, 개에 의한, 개를 위한 방송!

STP 개념이 극대화되어 나타난 개념이 바로 '줌인 마케팅Zoom-in Marketing' 이다. 이 개념은 타깃 마케팅Target Marketing 수준을 뛰어넘어 카메라 렌즈로 확대하듯 더 좁은 소비자층에 포커스를 맞추는 개념이다. 눈에 보이지도 않을 정도의 작은 요소를 핀으로 집어낸다는 의미로 핀 포인트 마케팅Pin-point Marketing이란 용어를 쓰기도 한다. 아기용 선풍기, 군인용 화장품, 임플란트 시술자용 치약 같은 제품들이 그래서 나온다.

물론 이 과정에서 챙겨보아야 할 것들이 있다. 먼저, 시장의 크기다. 시장세분화 개념을 통해 군인용 화장품을 출시했는데 군인들의 숫자가 얼마 되지 않는다? 문제다. 두 번째, 군인들의 화장품 사용 상황이 일반 사람들의 그것과 다르지 않다면 그 또한 문제다. 개별 세분시장들 간의 이질성이 없다면 군인 전용 화장품이 무슨 의미를 가질까? 마지막으로 군인들에게 화장품을 판매할 수 있는 접근성이 떨어진다면 이 역시 마케팅에 있어 절망이다. 예컨대 군인들이 사제 화장품을 쓸 수 없는 상황이라면 아무리 좋은 제품을 만들어봐야 판매는 요원하다. 이렇듯 STP에 있어 세분시장 간의 이질성을 확보한 뒤 충분한 시장의 규모를 확인하고 타깃에 대한 접근 가능성에 문제는 없는지 살펴보는 건 놓쳐서는 안 될 포인트다.

시장의 크기

시장은 이익을 내기에
충분한 규모인가?

세분시장 간의
이질성

개별 세분시장 간의
속성과 성향은
유의미하게
다른가?

타깃 접근성

목표 세분시장에
대한 접근성은
충분히
확보 가능한가?

**시장세분화 관련
주요 체크포인트**

여기 극강의 STP 사례가 있다. 집에 홀로 남겨진 개들을 위한 TV 방송, '도그 TV'가 그것이다. 미국에서 방영되는 도그 TV를 위성으로 받아 CJ '헬로 TV'를 통해 서비스하는 이 방송은 개들의 시각과 청각 주파수 대역에 최적화되어 있다. 거기다 개들이 좋아하는 소리와 음악을 담고 개들이 편안함을 느낄 수 있도록 모든 화면이 그들 눈높이의 카메라 시점으로 제작되었다.

애완견! 케이블 방송을 보는 시청자들을 세분화하다 보니 찾아낸 빈 시장이다. 바야흐로 애완동물 전성시대. 불황에도 프리미엄 제품 시장의 열기가 계속되고 있는 가운데 1인 가구와 노인 인구가 증가하면서 애완 용품 시장은 호황이다. 2012년 기준 국내 애완용품 시장 규모는 2조 원을 코앞에 두고 있는 상황. 업계 관계자들은 이 시장이 2020년에는 6조 원 이상으로 성장할 것으로 전망한다. '도그 TV', 결코 작지 않은 시장이다. 개들의 시청각 대역에 맞춘 방송이다 보니 다른 시청자 그룹과의 미디어 소비 이질성도 당연히 확보된다. 그리고 그들에 대한 접근성도 떨

개들을 위한 개들의 방송, 도그 TV.
그야말로 극강의 시장세분화와 타기팅, 포지셔닝을 보여주는 사례다.

어지지 않는다. 시장세분화, 타기팅, 포지셔닝의 개념을 아주 뾰족하게 갈고 닦은 극강의 사례다.

지난 2002년 가을, 서울 사당역 인근 어느 4층 건물 지하에 들어선 주점 하나. 이 주점은 이후 10여 년 동안 100여 개의 매장을 가진 프랜차이즈 기업으로 성장했다. 주점 '와라와라' 이야기다. 비결은 역시 STP이었다. '와라와라' 는 시장을 분석했다. 인구 통계학적 변수들과 고객들의 라이프스타일, 소비 행동 분석 등을 통해 찾아낸 '와라와라' 의 목표 그룹은 '27세 오피스 레이디'. 27세 직장 여성은 자신을 위해 돈을 쓰는 고객층이다. 게다가 여권이 신장하면서 애인이나 직장 동료들을 주도적으로 데리고 올 가능성도 큰 집단이다. 크루즈 미사일을 방불케 하는 정확도로 또렷한 목표를 설정한 '와라와라' 는 그 목표점을 향해 맹렬히 돌진했다. 시장을 세분화하고 목표 그룹을 설정한 '와라와라' 에게 남은 과제는 '27세 직장 여성들을 위한 부띠끄 주점' 이라는 포지셔닝이었다. 주점의 인테리어도 일반 술집과는 다르게 분위기 좋은 카페처럼 아기자기하게 꾸며 타깃 고객들의 눈길과 마음을 사로잡았다. 짧은 치마를 입은 손님에게는 불편하지 않도록 무릎 담요를 제공하고 주점을 나갈 때 탈취제를 제공했다. 귀가 시 불쾌감을 줄 수 있는 음식 냄새가 몸에서 풍기지 않도록 '와라와라' 가 생각해낸 깨알 같은 배려였다. 이 모든 STP 전략이 톱니바퀴처럼 맞물려 돌아가며 결국 고객의 발길을 사로잡았다. STP 전략 성공 사례의 백미다.

▼▼ 손에 잡히는 생생 마케팅 – 영감을 주는 〈차별화〉 케이스

차별화는 사실 이미 상당 부분 보편화된 개념이다. 많은 사람들이 일상생활 속에서도 자주 쓰는 단어가 차별화다. 하지만 놀랍게도 다들 '차별화'를 외치며 '동일화'의 길을 열심히 달린다. 현실이다. 왜 그럴까? 경쟁이 치열할수록 기업들은 경쟁사에 많은 신경을 쓴다. 싸우면서 정들고 미워하며 닮아간다 했던가? 시장점유율을 놓고 치열한 싸움을 벌이고 있는 기업들의 제품들을 보라. 별 다른 차별화 포인트가 없는 제품들이 시장에 한가득이다. 강점을 강화하려는 게 아니라 약점을 보완하려는 전략들이 그런 집단적 방향성을 만들어낸다. 무리에서 떨어져 나와야 하는 이유다. 무리 안에 속해 있어서는 제대로 된 차별화가 불가능하다.

아이들이 즐겨 보는 만화를 본 적이 있을 것이다. 그 만화에서는 치즈가 갑자기 하늘을 나는 융단으로 변하기도 하고 성냥개비 하나가 다이너마이트 폭탄으로 변해 굉음을 내며 폭발하기도 한다. 게다가 달걀을 가지고 축구를 하는 모습은 얼마나 신선한가? 이런 만화영화들의 소통 방식을 보자. 이들은 시청자들의 기대에 부응하지 않는다. 오히려 우리의 기대를 무참하게 뭉개고 전혀 생각지도 못한 엉뚱한 장면들을 보여준다. 만화에서의 그것은 우리의 일반적인 논리 구조와는 전혀 다른 셈이다.

여기에 차별화에 대한 팁이 있다. 경쟁사들보다 더 나은 무언가가 아니라 경쟁사와는 전혀 다른 무엇, 도무지 예측할 수 없는 그 무엇을 제공해야 한다. 나무가 아니라 숲의 차원에서 고객을 놀라게 해야 한다. 여기 그런 사례들을 모았다. 어떻게 보면 우리 주변에서 쉽게 찾아볼 수 있는

66 분명한 사실 한 가지는, 차별화는 곧
포기를 의미한다는 것이다. 한 분야
에서 최고가 되기 위해서는 다른 분
야를 포기해야 한다. 특정 분야에서
최고의 대학이 되기 위해서는 절대
다방면의 교수들을 두루두루 초빙해
서는 안 될 것이다. 서브와 발리가
주 무기인 테니스 선수는 굳이 스트
로크에 집착할 필요가 없다. 99

문영미 저, 『디퍼런트』

작은 사례들이다. 하지만 그 안에 들어 있는 마케팅적 의미는 작지 않다. 보되 보지 못하고 듣되 듣지 못했던 생활 속 차별화 사례들은 우리에게 또 다른 인사이트를 제공한다. 숲에서 나와야 숲이 보인다.

:: 눈썰매장에는 왜 리프트가 없을까?

겨울이면 즐거운 동심, 이유는 눈이다. 하늘에서 내리는 눈을 맞으며 눈싸움도 하고 눈사람도 만든다. 그래도 눈으로 하는 놀이 중 백미는 썰매다. 언덕을 타고 내려오는 그 신나는 스릴이란 비교할 데가 없다. 그런 눈썰매는 아이들뿐만 아니라 어른들의 마음도 사로잡는다. 그래서 해마다 겨울이면 아이들과 함께 찾게 되는 눈썰매장. 그런데 한 가지 문제가 있다. 내려올 땐 신나는데 올라갈 때가 힘들다는 것. 계단을 따라 터벅터벅 걸어 올라가는 것도 한두 번이야 그렇다 치지만 매번 계속되니 이도 만만치 않은 일이다. 그런데 에버랜드 눈썰매장, 여기서 일을 만들었다. 튜브를 타고 신나게 내려오면 계단을 찾아 올라가는 게 아니라 타고 내려온 튜브를 옆에 있는 고리에 딸깍 하고 건다. 그러면 그 고리가 케이블로 연결되어 튜브를 정상까지 쭉 끌어올려준다. 가만히 앉아만 있으면 몸은 이미 정상이다. 리프트가 스키장에만 있으란 법 없다. 이른바 눈썰매장 리프트다. 다른 눈썰매장에는 없는 에버랜드 눈썰매장만의 가치다. 눈썰매장 리프트는 이렇게 고객으로 하여금 에버랜드 눈썰매장을 선택할 특별한 이유를 만들어준다. 차별화다.

그런데 이 차별화는 어떻게 해서 만들어졌을까? 고객의 불평 때문이었을까? 그랬을 것 같진 않다. 눈썰매장에 리프트가 없다고 항의할 손님은 많지 않았을 터다. 관건은 고객에 대한 애정과 관심이다. 고객의 라이프스타일에, 혹은 고객의 제품 사용 행태에 돋보기를 들이대면 '야, 이거 힘들었겠는데…' 하는 마음이 보인다. 고객의 고통, 고민, 고충을 해결해

에버랜드 눈썰매장의 리프트.
타고 내려온 튜브에서 내리지않고 그대로 다시 타고 올라가는, 일종의 눈썰매장 리프트로 고객으로 하여금 에버랜드를 선택할 이유를 만들어준다.

줌으로써 그들을 행복하게 해준다는 마케팅의 정의에 그대로 부합한다. 대규모 투자가 필요하거나 최첨단 기술이 필요한 게 아니다. 다시 말하지만 관건은 고객에 대한 애정과 관심이다.

　　그 어느 때보다도 치열한 마케팅 전쟁터, 백색 가전 시장. 그중에서도 세탁기. 드럼형이 대세인 이 세탁기 시장에서 독야청청 조용히 잘 나가는 세탁기가 있다. 무려 10년간 아기 엄마 40만 명에게 사랑받아온 '아가사랑 세탁기'가 그 주인공이다. 비결이 뭘까? 이름에서 눈치 채겠지만 포인트는 국내 유일 '삶음' 기능을 장착한 세탁기란 점이다. 자주 빨아야 하는 데에다 청결 상태가 중요한 아이 옷. 유아를 가진 주부 입장에서 삶음 기능을 갖춘 세탁기란 하늘에서 들려오는 복음이다. 95도로 완벽하게 세균을 제거하는 삶음 기능과 세제에 민감한 아기 피부를 보호하는 '베이비 케어' 기능 등 '아가사랑 세탁기'의 인기 비결 역시 차별화다.

:: 아파트 광고, 유명 모델이 사라졌다

"톱스타가 나옵니다. 하지만 그녀는 거기에 살지 않습니다. 유럽의 성 그림이 나옵니다. 우리의 주소지는 대한민국입니다. 이해는 합니다. 그래야 시세가 오를 것 같으니까. 하지만 생각해 봅니다. 가장 높은 시세를 받아야 하는 것은 무엇인지. 저희가 찾은 답은 진심입니다."

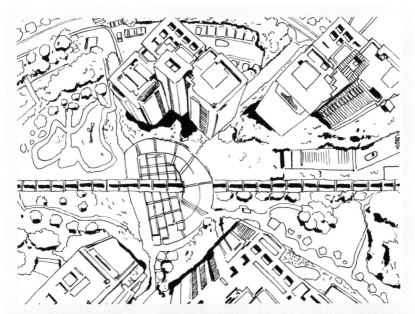

대림 e편한세상 아파트 광고 '진심의 시세' 편.
고급스러운 라이프스타일을 보여주는 여느 아파트 광고와는 전혀 다른 톤앤매너를 보여준다.

※출처 참고

TV에서 많이 보았던 어느 아파트 광고의 카피다. 자, 머릿속에 남아 있는 아파트 광고들을 한번 떠올려 보자. 대부분의 아파트 광고에는 톱모델이 등장한다. 특히 아름다운 여자 모델들. 그녀들의 옷차림이 기억 나는지. 우리가 집에 있을 때 입고 있는 그런 편안한 옷차림이 아니다. 이브닝드레스다. 그리고 그녀의 손에 들려 있는 와인 잔. 그녀는 파티에 참석하고 있는 중이다. 어떤 파티인지는 모르겠지만 집 안에 외국인이 그득하다. 우리가 살고 있는 현실 속 모습과는 전혀 다른 풍경이다. 수많은 아파트 브랜드들이 엄청난 돈을 써서 이런 광고들을 만들었다.

하지만 대림 e편한세상은 이 모든 것들을 바꿔놓았다. 아빠와 아이가 반바지를 입고 침대에 널브러져 흐트러진 모습, 바로 이런 게 우리 삶의 진짜 모습이다. 대림 e편한세상에서 이 광고를 만들자 다른 아파트 광고들에서도 A급 모델들의 모습이 싹 사라졌다. 중요한 건 천편일률적인 분위기 속 값 비싼 톱 모델이 아니란 걸 깨달은 것이다. 차별화의 힘이다. '진심이 짓는다' 는 이 광고의 콘셉트는 그렇게 차별화의 힘을 등에 업고 대한민국 아파트 광고의 판도를 완전히 바꿔놓았다.

대림 e편한세상의 또 다른 광고. 자동차 주차장 광고다. 최근 출시된 자동차들의 크기가 부쩍 커지면서 예전 자동차 크기에 맞춰진 주차장에는 웬만한 실력으로는 주차하기가 매우 어려워졌다. 그런 상황에서 e편한세상은 '10센티미터' 를 내세운다. 그만큼 주차공간의 크기가 늘어났다는 것이다. 물론 주차장을 보고 아파트를 사는 사람은 없다. 하지만 "주차장에 이렇게 신경 쓰는 걸 보면 아파트도 꼼꼼히 잘 지었겠는걸", 일반 고객들의 반응이다. 경쟁브랜드들이 너도나도 우아하고 고급스러

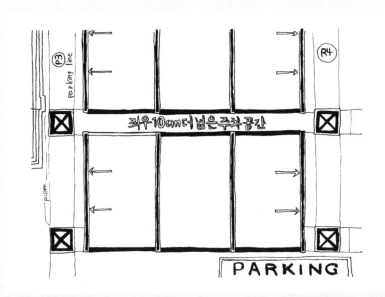

대림 e편한세상 아파트 광고 '10센티미터' 편.
역시 뜬구름 잡는 이야기가 아니라 날이 뾰족한 차별화된 메시지를 담고 있다.

※출처 참고

운 라이프스타일을 이야기할 때 e편한세상은 10센티미터라는, 눈에 보이는 물리적 속성을 통해 차별화의 비기를 시전한다. 그리고 이는 고객의 머릿속에 깊이 각인된다.

이왕 말이 나왔으니 아파트 이야기 조금 더 해보자. 대한민국 주거 형태의 절반을 담당하고 있는 이 아파트들에도 '차별화'의 바람은 거세다. 회사별로 품질 차이를 체감하기 힘든 데다 경기도 좋지 않으니 자칫하다간 미분양의 늪에 빠질 수밖에 없는 아파트. 고객의 선택을 받기 위한 차별화 경쟁이 그 어느 분야보다도 치열한 배경이다.

　요즘 이런 아파트 차별화의 중심에 '한옥'이 있다. 목포의 한 아파트는 최상층 일부 가구에 한옥 처마를 형상화한 천장 디자인을 적용했다. 경기도 의왕의 한 아파트는 현관 앞에 한옥 모양의 중문을 설치하고 한지 느낌의 벽지와 흙을 마감재로 썼다. 벽 중간에는 나무 기둥을 넣어 한옥 느낌을 살렸다. 인테리어 수준이 아니라 아예 한옥을 집 안에 들인 아파트도 나왔다. 한국토지주택공사는 사랑방, 한실, 안마당 등 한옥의 전통 개념을 도입한 '한국형 LH주택'을 개발했다.

한국토지주택공사가 개발한 한옥형 아파트로 절로 탄성을 자아내게 하는 아파트 디자인이다. 꼭 한번 살아보고 싶은 마음이다.

:: 고달픈 세상, 아파트도 힐링입니다

어디 그뿐인가? '사고 싶은' 아파트가 아니라 '살고 싶은' 아파트란 캐치프레이즈를 걸고 나타난 새로운 콘셉트의 아파트, '힐링 아파트'다. 단지 내 텃밭을 가꾸며 마음의 여유와 재미를 찾을 수 있도록 한 '에그리테인먼트Agritainment 아파트'와 마인드 힐링 센터와 전문 상담사를 통해 답답한 마음을 풀어주는 '마인드 힐링 아파트'들이 그것이다. 아파트 차별화의 대표적인 사례들이다.

'문화와 예술이 숨 쉬는 호텔'이라는 모토로 작년 겨울 새롭게 리뉴얼한 서울 충무로의 세종호텔은 아무런 특색도 스토리도 없던 숙박 공간을 350여 점의 미술 작품들을 곳곳에 배치함으로써 문화예술 공간으로 탈바꿈시켰다. 핀란드 항공사인 핀에어의 CEO는 규모나 고급서비스로 승부하는 5성급 항공사가 아니라 다른 항공사에서는 볼 수 없는 '맞춤형 서비스'를 통해 개성 있는 4성급 부티크 항공사로 거듭나겠다 선언했다. 이 모든 게 '차별화' 전략이다.

:: 자동차 대리점이야, 커피숍이야?

왼쪽에는 현대차 로고가 붙어 있고 오른쪽에는 커피빈 로고가 붙어 있는 어느 매장. 이 매장의 정체는 무엇일까? 문을 열고 들어서니 현대자동차의 신차들이 매장 안에 가득하다. 또 다른 한편에는 테이블에 자리를 잡고 앉아 커피를 마시는 사람들의 모습. 바로 현대자동차와 커피빈이 함께 만든 협업 매장이다.

한번 생각해보자. 지금껏 살면서 자동차 매장에 간 적이 몇 번이나 되는지. 자동차라는 게 자주 살 수 있는 것도 아니고 일반적으로 평생 서너 번 사게 되는 아이템이다. 그러니 전 국민 평균을 구한다면 평생 한 번도 자동차 대리점에 안 가본 사람들이 태반일 터. 자동차 회사 입장에선 환장할 노릇이다. 일단 매장에 손님이 와야 말이라도 붙여볼 텐데 아예 들어오지를 않으니 속만 시커멓게 타 들어간다. 반면 커피숍은 하루에도 여러 번 가는 곳이다. 이런 자동차 회사와 커피숍 회사가 협업 매장을 만들었다.

자, 그러면 이 협업 매장 이해당사자들의 마케팅 손익계산서는 어떨까? 현대자동차 입장에서는 말할 것도 없이 'Good' 이다. 이렇게 매장을 만들어놓으니 커피 마시러 들어왔던 많은 고객들이 자동차 구경도 하고 타 보기도 한다. 마음에 드는 모델은 사진도 찍고 비치해 둔 팸플릿도 가져간다. 자꾸 보면 정이 든다 했다. 이런 노출 효과는 후에 실제로 차를 구입해야 하는 상황이 왔을 때 고객의 머릿속 인지도와 선호도 측면에서 많은 가점이 된다.

현대자동차와 커피빈이 함께 만든 협업 매장.
누이 좋고 매부 좋은 콜라보레이션의 차별화 현장이다.

그렇다면 커피빈 입장에서는? 커피빈도 '좋다'. 요즘 서울 시내에 커피숍은 발에 차인다. 10미터에 하나 꼴로 있는 커피숍들은 다 그 나물에 그 밥이다. 차별화 포인트가 전혀 없는 커피숍 시장에서 이 매장은 세련된 자동차 갤러리 같은 독특한 분위기로 고객의 시선을 사로잡는다. 최신 사양의 자동차들을 실내에 전시함으로써 보다 유니크한 공간으로서의 차별화된 이미지를 고객에게 선보일 수 있는 셈이다. 두 회사가 다 좋으니 일견으로는 성공이다.

하지만 마케팅에 있어 또 다른 중요한 당사자가 있다. 바로 고객이다. 고객의 입장까지 살펴야 이 협업 매장의 제대로 된 손익분석이 가능하다. 그렇다고 해서 어렵게 생각할 건 없다. 여러분이 문을 열고 들어선 커피숍이 이렇게 꾸며져 있다면 어떨까? '무슨 커피숍이 이래?' 하며 문을 박차고 되돌아 나오겠는가? 짐작컨대 아닐 것이다. 호기심에 반짝이는 눈동자로 주위를 둘러보며 주머니에 든 스마트폰을 꺼내서 사진부터 찍을 것이다. 사진을 찍는 이유가 집에 가서 혼자 애틋하게 다시 보기 위해서일까? 아니면 나만의 기념사진으로 소중히 소장하기 위해서일까? 그렇지 않을 것이다. '카페트'에 올리기 위해서다. '카페트'가 뭐냐고? 카카오 스토리, 페이스북, 트위터, 바로 소셜미디어를 대표하는 삼총사다. 누가 시키지 않아도 기꺼이 자발적 홍보마케팅 요원이 되어주는 고객들, 그들은 매장을 즐긴다. 전혀 상관없어 보이는 이질적 업종의 기업들이 함께 모여 만들어낸 새로운 고객가치이며, 이런 고객가치를 만들어내는 힘은 역시 차별화에서 나온다.

:: 마이크로밸류 마케팅, 고객의 삶에 돋보기를 들이대다

최근의 모든 시장은 이제 일부 극소수의 예를 제외하고는 업종을 막론하고 성숙, 포화 시장이 되었다. 제품력, 고객 서비스, 브랜드 등에서 특별한 차별점 없는 그저 그런 플레이어들이 함께 뛰고 있는 운동장이 되어버린 셈이다. 경쟁사와의 기술 격차가 줄어든데다 웬만한 기술은 금세 모방이나 복제가 가능한 작금의 상황에서 색다른 포인트로 차별화하여 고객에게 어필하는 제품이나 서비스를 내놓기는 난망인 게 사실이다. 하지만 기업은 이런 힘든 현실 속에서도 또 다른 무언가를 보여주어야 할 수밖에 없는 터. 그러다 보니 승부는 더 이상 큰 곳이 아니라 작은 곳에서 갈리고 있다. 어떻게 하면 고객들의 낙점을 받을 수 있을까? 이 시간에도 고민하고 있을 기업의 마케터들이 이제 '보다 작은 것'에 눈을 돌

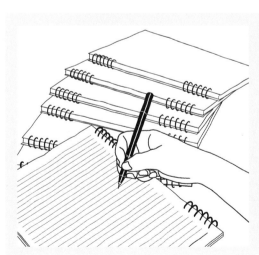

모닝글로리에서 만든 스프링 노트. 노트의 가운데 부분의 스프링을 없애니 쓰기에 매우 편하다.

※출처 참고

리는 이유다.

스프링으로 종이들을 꿰어놓은 스프링노트는 학창 시절을 추억할 때 결코 빼놓을 수 없는 아이템이다. 그런데 이 노트를 쓰다 보면 불편한 게 있다. 오른쪽 페이지와 달리 왼쪽 페이지에 무언가를 적어나가다 보면 가운데 스프링에 자꾸 손이 걸리는 게 여간 성가시다. 그래서 모닝글로리의 '쓰기 편한 PP 노트 시리즈'는 노트 가운데 부분의 스프링을 과감하게 없앴다. 고객의 불편을 배려한 세심한 조치다.

모닝글로리의 또 다른 히트작인 '친절한 단어장2'는 단어장 겉 표면

모닝글로리에서 만든 '친절한 단어장2'.
표지를 번갈아 들추어 보며 단어 공부를 할 수 있게 만든 밀리언셀러 제품이다.

서 영어 단어를 암기할 수 있도록 만든 상품이다. 소비자의 작은 니즈를 놓치지 않은, 판매량이 100만 권에 육박하는 아이디어 상품이다. 작지만 이런 차별화의 중심에는 고객이 있다. 마케팅이 그렇듯 차별화도 역시 고객 입장에서의 가치가 핵심이다.

:: 한의원 광고, 들장미소녀 캔디를 소환하다

'의료 쇼핑'이란 말이 생겨날 정도로 이제 의료 분야도 차별화하지 않으면 고객의 외면은 정해진 수순이다. 경기도 고양시에 있는 명지병원 건강검진 센터에 들어서면 마치 숲에 온 듯한 착각에 빠진다. 단순히 인테리어 요소 때문만은 아니다. 환자들에게 치유 환경을 조성하기 위한 차별화된 배려다. 검진 센터 이름도 '숲마루'. 유성에 있는 선병원의 국제검진 센터는 천장을 유리로 만들어 검진 받는 환자들이 병실에 누우면 밤하늘의 별을 볼 수 있게 만들었다. 특급호텔에서도 좀처럼 누리기 힘든 호사다. 별이 보이는 병실, 숲속 분위기의 검진실 등 환자의 정신적 안정까지 고려한 병원들의 최근 디자인 콘셉트는 '그린&에코'다. 차별화 바람은 병원의 모습도 바꾸고 있다.

단지 건물 차원의 문제가 아니다. 의사, 한의사, 변호사, 회계사 등 고급 자격증 분야의 전문가 시장도 마찬가지다. 실력이건, 시설이건, 고객 응대건, 나만의 필살기를 기반으로 차별화된 무장을 하지 않으면 고객의 낙점을 받을 수 없다. 업종이나 직종을 불문하고 누구나 마케팅을 공부하고 차별화를 실천해야 하는 이유다.

여기 편강한의원 사례가 눈길을 끈다. 편강탕, 하얀 바탕에 다소 촌스러워 보이는 궁서체의 세 글자만 들어가 있는 버스 광고로 많은 호기심을 자아냈던 편강한의원의 마케팅 행보는 차별화를 넘어 파격적이기까지 했다. 원장이 직접 광고에 등장하여 망가진 모습을 익살스럽게 보여줌으로써 젊은 층의 관심과 선호도를 높였고 여세를 몰아 순정만화 캐릭

※ 편강한의원의 '편강탕' 버스 광고.
　많은 사람들의 호기심을 자극했던 버스 광고다.
※※ 편강한의원 원장이 직접 출연한 인쇄광고.
　전문가가 망가지는 모습을 직접 보여줌으로써 젊은 층과 한의원과의 심리적
　거리를 한껏 줄여준다.

터를 활용한 옥외 광고로 서울 강남역 전체를 도배했다. 다른 한의원과
는 완전히 차별화된 마케팅으로 병의원 광고의 이단아 취급을 받았던 편
강한의원. 그러나 결과는 성공적이었다. 한의원을, 나랑은 전혀 상관없
는 곳이라 생각했던 젊은 층들에게 편강한의원의 격을 깨는 마케팅 행보
는 매력적으로 느껴졌다. 그들은 소셜을 통해 편강한의원의 광고들을 퍼
나르며 스스로 편강한의원의 마케터를 자처했다. 그렇게 편강한의원의
연매출은 200억을 넘어섰다.

편강한의원의 '순정만화 캐릭터' 광고.
강남역 지하철을 도배한, 시쳇말로 '깨는 광고' 들이다.

물론 의료 분야 마케팅에 있어서 조심할 부분이 있다. 의료 서비스의 핵심은 예방과 치료, 안전과 건강이다. 이런 본질적인 측면에서의 뒷받침 없이 단순히 광고로만 성공을 논할 수는 없다. 마케팅은 제품이나 서비스를 잘 파는 기술이 아니라 고객을 행복하게 만들어 주는 것이라는 마케팅의 정의를 다시금 곱씹을 필요가 있다. 이는 의료뿐만 아니라 법률, 회계 등 고급 전문 서비스 전 분야에 해당되는 말이다.

그래서 '차별화 의사' 사례 하나 더. 앞서 살펴본 것처럼 전문가 시장도 이젠 치열한 경쟁의 레드 오션이다. 눈에 띄지 않으면 살아남을 수 없는 마케팅의 현장에서 '비주얼'로 스스로를 '표현'하는 의사가 있다. 상하이 세인트바움 성형외과 류민희 원장이다. 비주얼로 승부한다니 잘생긴 외모로 승부한다는 게 아니다. 물론 잘생긴 류민희 원장이지만 여기서의 비주얼은 다른 것을 의미한다. 바로 만화다. 류민희 원장은 최근 자비를 들여 만화책을 한 권 출간했다. 제목은 『류민희 원장의 주름성형 이야기』다. 하이브리드 주름성형, 안면거상술 등 성형수술의 어렵고 복잡한 개념들을 쉽고 재미있는 만화를 통해 친절하게 풀어냈다. 고객을 위한 마음이다. 그렇게 그는 세상에 하나밖에 없는 '만화책을 출간한 의사'가 되었다. 성형외과 분야의 거장들을 직접 찾아다니며 노하우를 전수받고 지금도 밤을 밝혀 스스로의 논문을 발표하는 류원장은 최근 중국 진출을 결정하고 과감하게 몸을 던졌다. 기업가들에서도 찾아보기 힘든 기업가 정신이다. 의사이면서 동시에 경영과 마케팅을 공부하고 실천하는 그는 차별화의 싱싱한 사례다.

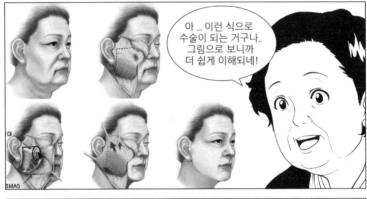

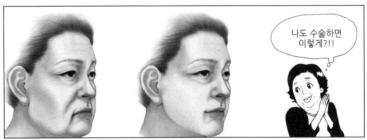

『류민희 원장의 주름성형 이야기』. 의료전문가의 차별화 사례다.

※출처 참고

이번에는 하늘로 눈을 돌려보자. 항공사들의 차별화 사례다. 항공업계 또한 치열한 경쟁으로 수익을 내기가 만만치 않은 업종이다. 이젠 웬만큼 다 친절하고 웬만큼 다 정시 출발에 정시 도착이다. 고객 입장에선 별다른 차별화 포인트가 없는 어슷비슷한 퀄리티의 서비스 시장인 셈이다. 이 와중에 한 항공사가 들고 나온 차별화 요소는 '재미'다. 승무원이 백설공주 옷을 입고 승객들과 함께 가위바위보 게임을 한다. 독서실처럼 지루하기 짝이 없던 기내는 한순간에 왁자지껄 즐거운 놀이터가 된다.

어느 항공사의 또 다른 차별화 포인트는 번거로운 입국 수속을 기내에서 다 끝내준다는 것이다. 부푼 꿈을 안고 현지에 내렸지만 입국수속을 하느라 길게 늘어선 줄 때문에 김샌 적이 있는가? 그런 고객이라면 바로 이 항공사를 이용하면 된다. 고객으로 하여금 선택할 이유를 만들어주는 항공사인 셈이다.

제주항공과 가루다항공의 차별화된 서비스.
재미와 편의성에 초점을 맞춘 독특한 서비스다.

놀라지 마시라. 레스토랑 광고가 아니라 가루다항공사의 인쇄광고다.
요리에 방점을 찍어 나름의 차별화 포인트를 살렸다.

※출처 참고

이런 항공업계의 차별화 경쟁은 이젠 음식으로까지 이어진다. 기내식 이야기다. 대한항공은 기내에서 토종닭을 재료로 한 삼계탕을 내놓는다. 아시아나항공은 김치찌개를 서비스한다. 말 그대로 '구름 위에서 먹는 김치찌개' 다. 싱가포르항공은 세계적인 셰프의 요리를 기내식으로 제공한다. 차별화 경쟁에는 이렇게 영역의 경계가 없다.

'세계적인 스타들마저 팬으로 만든 특별한 요리가 함께 합니다.'

어느 유명 식당 광고의 카피가 아니다. 인도네시아 가루다항공의 인쇄광고 헤드라인이다.

:: 마케팅 고수 택배 기사님이 보낸 문자는?

여기 모 택배사 기사님이 보낸 문자가 하나 있다.

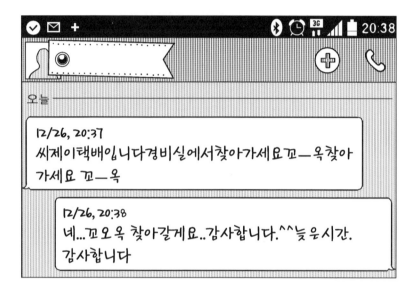

오늘도 전국의 수많은 택배 기사님들이 이런 문자들을 보냈을 것이다. 그리고 수많은 고객들이 이런 문자를 받았을 것이다. 그런데 이 문자는 그런 여느 메시지들과는 좀 다른 느낌이다. 자세히 읽어보니 '꼬—옥'이라는 단어가 들어가 있다. 아무 것도 아닌 이 단어 하나가 전체 메시지의 분위기를 확 바꿔준다. 내 물건을 아주 소중하게 다뤄주는 느낌이랄까? 그러니 고객의 답문에도 흐뭇한 감사가 묻어 있다. 이 기사님은 '차별화'의 개념을 알고 있었던 것일까? 그럴 수도 있고 아닐 수도 있다. 하지만 중요한 건 이 작은 표현 하나만으로도 이 기사님은 다른 사람들의 그것들과는 전혀 다른, 차별화된 느낌을 고객에게 주고 있다는 것이다.

많은 기업이나 관공서에 전화를 걸면 "감사합니다, 고객님. ○○입니다" 류의 판에 박힌 인사말이 먼저 흘러나온다. 차별화가 되지 않다 보니 고객의 영혼이 감동받을 리 없다. 작은 인사말 하나에서도, 고객에게 보내는 문자 메시지 하나에서도 차별화는 큰 힘을 발휘한다.

눈길을 조금 다른 곳으로 돌려보자. 재래시장 이야기다. 최근 전국 여기저기서 재래시장 살리기 프로젝트가 한창이다. 시장 전체를 덮는 천정을 씌우거나 불편했던 주차장 시설을 개·보수하는 식이다. 그러나 이건 차별화가 아니라 오히려 동일화다. 이런 '따라하기' 식의 개선으로는 대형 할인점을 영원히 이길 수 없다. 중요한 게 빠져 있어서다. 차별화 포인트 말이다.

대형 할인점에서 편리함과 깨끗함 등의 가치를 판다면 재래시장에서는 무엇을 팔아야 할까? 재래시장만이 팔 수 있는 가치는 무엇일까? 이랑주 저자의 『살아남은 것들의 비밀』이란 책은 우리에게 그 팁을 준다. 이 책은 저자가 오랜 세월 동안 사람들의 사랑을 받는 전 세계의 전통시장들과 상인들을 직접 보고 듣고 겪으며 쓴 책이다. 관건은 이야기요, 체험이요, 문화다. 그들은 최신식의 세련된 건물에서는 결코 팔 수 없는, 사람 냄새 물씬 풍기는 콘텐츠를 팔고 있었던 것이다. 예컨대 이런 식이다. 어느 치즈 가게 앞에 재미있는 입간판이 서 있다. '제가 어떻게 여기까지 왔을까요?' 라는 말 아래 이 치즈의 제작과정에서부터 유통경로까지 그림으로 알기 쉽게 설명되어 있다. 가리비를 파는 가게에서는 사장님이 직접 잠수복을 입고 가리비를 따는 사진이 걸려 있고, 마찬가지로 과일 가게에는 가게 주인이 해당 과수원 사장과 함께 직접 사과를 따는 사진이 걸려 있다. 고객들이 사는 건 이런 아날로그 식의 인간적 정서다. 대형 마트에선 결코 팔 수 없는 가치다.

∷ 이기고 싶다면 너만의 주먹을 뻗어라

"성실하라, 노력하라, 복종하라, 의심하지 마라, 시키는 대로 최선을 다해 뛰고 또 뛰어라, 결코 승리할 수 없을 것이다. 단 한 번이라도 네 생각, 네 방식대로 너만의 게임을 뛰어본 적이 있는가. 네가 뛰고 있는 이 게임의 이름은 인생. 이기고 싶다면 너만의 주먹을 뻗어라."

현대카드 광고 '복싱' 편 – Make Your Rule!
광고 자체가 차별적인 형식인 데다 그 메시지 또한 차별화의 의미를 담고 있다.

※출처 참고

현대카드의 광고 '복싱' 편의 카피다. 광고 내용 중에 현대카드에 대한 내용이 일언반구 언급조차 없다는 것 자체로 차별화된 광고인데 그 내용 또한 '차별화'란 화두를 다루고 있다. "너만의 주먹을 뻗어라"라는 내레이션에 이어 광고 제일 마지막 장면에 뜨는 자막, 'Make Your Rule' 이란 문장은 많은 메시지를 함축하고 있다. 이 카피를 마케팅이란 개념을 대입하여 새로 고친다면 아마 이렇게 될 거 같다.

"품질을 개선하라,
디자인을 개선하라,
노력하라,
의심하지 마라,

시키는 대로 최선을 다해 열심히 일하라,
결코 승리할 수 없을 것이다.

단 한 번이라도 네 생각,
네 방식대로
너만의 게임을 뛰어본 적이 있는가.

네가 뛰고 있는 이 게임의 이름은 마케팅.
이기고 싶다면
차별화하라."

승자가 만들어 놓은 방식을 답습해서는 결코 승자가 될 수 없다. 승자의 룰이 아닌 내가 잘할 수 있고 내가 이길 수 있는 나만의 룰을 만들어야 한다. 뭐가 달라도 달라서 고객으로 하여금 나를 선택할 이유를 만들어 주는 것, 그게 바로 '차별화'다.

3장

톺아보자!
차별화엔
방향이 없다

∷ 구글의 초기화면이 텅 빈 이유는?

차별화! 고객으로 하여금 나를 선택할 이유를 만들어주는 것. 이런 '차별화'에 대한 정의를 명확하게 이해한다면 남들보다 뭐 하나라도 더 잘하기 위해 골머리를 싸맬 이유가 없다. 차별화의 관점에선 남들보다 잘하는 것만이 능사가 아니다. 남들과 다르게 하는 게 포인트다. 차별화에는 방향이 없다 했다. 직선으로 늘어서서 순위를 따지는 것은 이제 의미가 없다. 1등은 언제든 2등이나 3등에게 자리를 뺏길 수 있다. 1등이 늘 불안한 이유다. 그러나 '넘버원'이 아니라 '온리원'이라면 얘기는 달라진다. 유일무이한 독특함이 있으니 경쟁의 차원을 넘어설 수 있다. '추월'이 아니라 '초월'해야 하는 이유다.

다음과 네이버 그리고 구글의 초기화면.
보다 많은 서비스들을 제공하기 위해 다소 복잡해진 다음과 네이버의 그것과는 달
리 구글의 초기화면은 단순하고 깔끔하다.

이 이미지들은 한때 필자가 몸담았던 인터넷 포탈 기업 다음과, 현재 국내 1위를 달리고 있는 네이버의 초기화면이다. 다음과 네이버는 네티즌들이 자사의 사이트 내에서 모든 니즈를 해결할 수 있게끔 수많은 서비스들을 갖다 붙였다. 넘버원이 되기 위한 끝없는 경쟁이었다. 경쟁사보다 하나라도 더 많은, 하나라도 더 새로운 서비스를 제공하기 위해 노력한 결과 두 회사 홈페이지 초기화면은 이렇게 복잡해졌다. 반면 세계적인 검색 포탈 구글의 초기화면은 네이버나 다음의 그것과는 전혀 다른 모습이다. 경쟁사들이 '보다 많은 서비스 제공'이라는 기준에서 1등을 다투고 있을 때 구글은 오히려 많은 것들을 줄이고 덜어냈다. '정보 제공'이라는 본질적인 요소에 집중하고 나머진 다 걷어내어 버린 것이다. 그럼에도 구글은 오늘날 전 세계 사람들이 가장 즐겨찾는 사이트 중의 하나다.

:: 불친절하기 짝이 없는 세계 가구업계의 공룡

'불친절한 가구' 이케아도 '남보다 더' 가 아니라 '남과 다르게' 라는 차별화의 개념을 제대로 보여주는 사례다. 대부분의 이케아 매장은 도심에서 멀리 떨어져 있다. 큰맘 먹지 않으면 찾아가기 만만치 않은 거리다. 게다가 미로 같은 매장 안엔 옆에 붙어 서서 제품 설명해주는 친절한 직원이 없다. 혼자서 매장 구석구석을 누비며 내게 필요한 아이템들을 직접 찾아야 한다. 여타 브랜드가 제공하고 있는 배송과 설치도 고객의 몫이다. 배송과 설치가 정 필요하다면 별도의 서비스 요금을 지불해야 한다. 이케아에 '불친절한 가구' 라는 별명이 붙은 건 그래서다. 하지만 이렇게 불친절한 이케아의 매출은 최근 한화로 42조 원을 넘어섰다. 2011년부터 최근 3년간 연평균 5퍼센트의 성장세를 보이고 있는 가구업계의 공룡이 바로 이케아다. 이케아의 이런 성공 이면에는 도대체 어떤 비결이 숨어 있는 것일까?

가구업계의 공룡 이케아는 플러스가 아닌 마이너스 방향으로의 차별화를 보여준다.

여러 가지 이유가 있겠지만 이케아에 있어서도 '차별화'는 중요한 전략이다. 경쟁사보다 더 주는 방향이 아니라 '싸고 디자인 좋은 DIY 가구'라는 본질에 초점을 맞추고 그 외의 것들은 다 없애버렸다. 철저한 선택과 집중으로 여느 브랜드와는 차별화된 모습으로 승승장구하고 있는 것이다. 플러스 방향이 아니라 마이너스 방향으로도 차별화는 가능하다는 것. 잊지 말아야 할 차별화의 중요한 속성이다.

최근 IT 기업들의 차별화 경쟁이 거세다. 하루가 다르게 새로운 기술로 무장한 신제품들이 쏟아져 나온다. 스마트폰이 그렇고 TV가 그렇다. 경쟁사보다 몇 배 더 빠르다는 이동통신 서비스에다, 8배가 더 선명하다는 UHD-TV같은 제품들이 시장에 출시되었지만 그 차이를 체감하기 어렵다. TV 화질의 경우 육안으로는 더 이상 그 차이를 인식할 수 없는 수준으로까지 발전되었다는데도 과열된 경쟁은 오늘도 더 높은 해상도를 자랑하는 TV를 만들어낸다. '과잉 만족Over-Satisfied'이다. 기가 질리게 만드는 수많은 버튼들로 오히려 고객을 불편하게 만드는 TV 리모컨도 같은 맥락이다. 오늘날 많은 기업들은 더 많이 주는 것이 더 좋은 것이라는 생각의 타성에 빠져 있다. 너나없이 기존 제품에 추가적인 기능을 부여하거나 업그레이드된 사양을 장착한 이유다. 물론 긍정적인 효과도 크다. 제품의 성능이 점차 고도화되면서 고객의 만족도 커졌다.

그러나 문제는 '고객을 잊어버린 차별화'와 '차별화의 상위 지향성'이다. 더 많은 것을 주기 위한 '차별화'에만 매달리다 보니 정작 혁신의 결과물을 누려야 할 고객은 뒤로 밀려났다. 고객이 아니라 경쟁사만을 의식한 기능과 사양 경쟁. 누구를 위한 것인지도 모를 관성적인 혁신이

차별화의 핵심

'Do better'가 아니라
'Do Different!'
'넘버원'이 아니라 '온리원!'
'추월'이 아니라 '초월!'

진행된다. 차별화의 이유가 고객이 아니라 차별화 그 자체가 되어버린 셈이다. 게다가 차별적 고객가치는 상위 방향으로의 혁신에서만 창출되는 게 아니라는 것도 곱씹어야 할 대목이다.

모두가 하늘을 날며 허공에 그림을 그릴 때 탄탄하게 두 발을 땅에 딛고 서서 고객에 집중하는 브랜드가 다시금 관심을 끈다. 더하는 것, 즉 추가의 방향만이 아니라 빼는 것, 제거와 삭제의 마이너스 방향을 통해서도 고객가치는 생겨난다. 관건은 본질이다. 고객이 원하지도 않는 군더더기가 아니라 본질에 집중하는 기업이 그래서 차별화의 날개를 단다. 'Do better'가 아니라 'Do Different!'. '차별화'란 화두 앞에서 결코 우리가 놓쳐서는 안 될 중요한 포인트다.

:: 투명한 콜라, 노란색 콜라가 실패한 이유는?

하얀색 캔 코카콜라, 투명한 펩시콜라 그리고 노란색의 옐로우콜라.
차별화도 고객 입장에서의 가치가 있는 차별화라야 한다.

몇 년 전 코카콜라가 선보인 하얀색의 콜라 캔. 세계야생생물기금World
Wildlife Fund과의 파트너십의 일환으로 지구 온난화가 북극곰의 생태에 미
치는 위협을 알리기 위해 사용된 디자인이다. 그러나 이렇게 좋은 취지
에도 불구하고 하얀 캔 코카콜라는 고객들로부터 좋은 반응을 얻지 못했
다. 소비자에게 코카콜라는 '빨간색'이다. 코카콜라의 상징인 빨간색은
어찌 보면 신성불가침의 영역이었던 셈이다.

펩시에서 출시한 '펩시크리스탈'이란 제품 사례도 재미있다. 고객들
에게 빨간색과 파란색이 어우러진 펩시의 로고는 까만색 콜라를 연상시
킨다. '펩시크리스탈'이라는 이름을 달고 있긴 하지만 펩시의 로고가 인

쇄된 캔에서 나오는 투명한 콜라는 왠지 낯설다. 또 하나 흥미로운 콜라 사례가 있다. 우리나라에서 출시되었던 옐로우콜라다. '콜라는 왜 다 까매야 돼?'라며 고객의 인식에 과감하게 도전장을 던지며 나온 옐로우콜라는 시장에 출시된 지 얼마 안 되어 소리 소문 없이 사라졌다.

왜일까? 하얀 캔의 코카콜라, 투명한 펩시콜라, 노란색 옐로우콜라. 모두가 '차별화'의 소산이다. 그럼에도 고객의 호응을 얻지 못한 이유는 고객이 빠져서다. '차별화를 위한 차별화'는 성공할 수가 없다. 고객 입장에서 인지할 수 있는 나름의 가치가 전제될 때 차별화는 힘을 받는다. '옐로우콜라'라면 색깔이 노래지면서 새로운 영양소가 추가되었다든지 아니면 용기의 소재가 바뀌어 유해요소가 없어졌다든지 하다못해 가격이라도 확 싸졌다든지 해야 한다. 고객 입장에서 중요한 건 가치의 차별화지 단순히 색깔의 차별화가 아니다. 기업 입장이 아닌 고객 입장에서의 가치, 차별화는 그 가치를 토대로 한다.

∷ 독특하다고 그렇게 노래를 불렀지만

현대자동차 광고 'PYL' 편.
PYL광고 내내 '차별화'를 소리 높여 외쳤건만 결과는 기대에 미치지 못했다.

※출처 참고

    그런 측면에서 얼마 전까지만 해도 TV를 틀기만 하면 쉽게 접할 수 있었던 현대자동차의 PYL 광고는 시사하는 바가 크다. 광고 전편에 걸쳐 독특하다는 의미의 '유니크'라는 단어가 이미지로, 소리로 수도 없이 등장한다. 소위 차별화된 제품임을 소리 높여 부르짖는 광고다. '프리미엄 유니크 라이프스타일PYL : Premium Unique Lifestyle' 콘셉트를 자처하는 벨로스터, 아이써티, 아이포티의 광고. 그러나 실제 매출은 안타깝게도 기대에 못 미쳤다. 막대한 광고비를 쏟아 부으며 차별화를 소리 높여 외쳤지만 시장의 반응은 따뜻하지 않았다. 물론 지금은 유럽 등을 중심으로 매출 상승세를 보이고 있지만 단순히 차별화했다가 아니라 차별화해서 고객들에겐 어떤 가치가 있는 것인지 커뮤니케이션의 지향점이 조금 달라졌더라면 어땠을까 하는 아쉬움이 남는 대목이다.

4장

알아보자!
이제는
액체사회다!

:: 아울렛의 경쟁상대가 테마파크라고?

불경기다. 끝이 보이지 않는 불황에 소비자의 지갑은 좀처럼 열릴 줄 모른다. 백화점과 할인점 매출이 동반 감소하는 위태로운 내수 경기 속에서 각 유통업체들의 생존 경쟁이 치열한 것은 당연한 일. 주목할 점은 바로 교외 프리미엄 아울렛의 약진이다. 김해와 파주 등 교외에 위치한 유통 그룹들의 프리미엄 아울렛은 최근의 불황 속에서도 두 자리 수 이상의 매출 증가율을 보였다. 유통 공룡들의 아울렛 대전大戰이 여기저기서 불꽃 튀는 이유다. 그런 아울렛 전쟁을 진두지휘하고 있는 신세계의 정용진 부회장은 최근 언론을 통해 "유통업의 경쟁상대는 테마파크나 야구장"임을 선언했다. 아니, 이게 무슨 말일까? 아울렛 매장의 경쟁자가 놀이공원 그리고 야구장이라니?

백화점이나 대형마트처럼 쇼핑만을 위한 도심 공간은 이제 경쟁력이 떨어지고 있다. 가족 혹은 연인, 친구들과 함께 교외로 나들이 나가 쇼핑도 하고 식사도 하며 문화와 여가를 즐길 수 있는 교외 프리미엄 아울렛이 대세다. 이른바 '라이프스타일 센터'로써의 복합 쇼핑몰 개념이다. 그렇다면 지금껏 가족 단위로 혹은 친구 그리고 연인과 함께 기분 전환을 위해 자주 찾던 곳이 어디였던가? 바로 테마파크나 야구장이다. 답답한 도심 속 분위기를 벗어나 스트레스를 맘껏 풀며 스포츠, 레저 등을 통해 여가를 즐길 수 있는 곳들이다. 교외 프리미엄 아울렛의 경쟁자가 왜 테마파크나 야구장이 되는지 고개가 끄덕여지는 대목이다.

:: 마케팅에도 근시안이 있다

내 주변의 작은 것들에 매몰되어 있다 보면 거대한 변화의 물결이 보일 리가 없다. 이른바 '마케팅 근시안'에서 벗어나야 한다. '마케팅 근시안Marketing Myopia'은 1960년 〈하버드 비즈니스 리뷰〉에 발표된 전 하버드대 교수인 테드 레빗Ted Levitt의 논문 제목이다. '제품' 지향적 마인드가 아니라 '고객' 지향적 마인드를 통한 '가치' 창출이 중요하다는 게 논문의 요지다.

기차 산업을 예로 들어보자. 사람들이 기차를 타는 이유는 기차에 대한 각별한 애정이 있어서나 기차의 디자인이 맘에 들어서가 아니다. 먼 길을 가야 할 운송수단으로써 기차를 택하는 것이다. 그런 상황에서 비행기가 나타나자 많은 고객들이 아무런 미련 없이 기차를 버리고 비행기를 택했다. 운송수단으로써 '빠르고 편리한' 비행기의 매력이 더 컸던 까닭이다. 스스로를 철도 비즈니스로 인식할 것인가, 아니면 운송 비즈니스로 인식할 것인가의 차이가 여기서 드러난다. 기차라는 나무만 봐서는 비행기를 포함한 운송업이라는 숲이 보이지 않는다. 제품이 아니라 고객 지향적인 마인드가 필요한 이유다. 아울러 내가 몸담고 있는 비즈니스, 업業에 대한 '콘셉트'를 다시 살펴봐야 할 이유이기도 하다.

:: 야구장에서 삼겹살을 구워먹다

경영이나 마케팅에서 '콘셉트'라 함은 소비자가 경험할 가치에 대한 아이디어를 언어로 정리한 것이라 할 수 있다. 햄버거의 콘셉트를 '아이들이 간편하고 맛있게 먹을 수 있는 패스트푸드'라고 정의하는 것과 '프로비즈니스맨들이 성공을 위해 바쁜 시간을 쪼개 일할 때 먹는 에너지원'이라고 정의하는 것과는 그 차이가 크다. 타깃과 시장이 달라지고 경쟁구도가 달라지며 제품이나 서비스 구성의 디테일도 달라질 수밖에 없다.

어느 MP3 플레이어 제조회사의 CEO는 "우리 회사의 경쟁자는 애플이 아니라 아르마니"라고 하면서 "자사의 업은 전자기기 제조업이 아니라 패션디자인"이라고 강조한 바 있다. MP3플레이어의 콘셉트를 전자제품이 아니라 패션 제품으로 설정한 것이다.

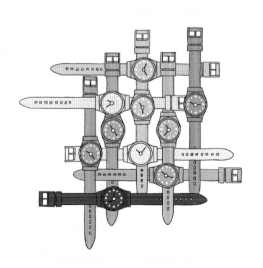

알록달록 컬러풀한 스와치 시계들.
스와치는 시계라는 전자기계 비즈니스를 패션 비즈니스로 바꾸어 놓았다.

스스로를 기능성 전자제품이 아니라 패션으로 재정의함으로써 마케팅에 있어 새로운 지평을 연 브랜드가 바로 스와치다. 지금껏 시계는 우리에게 시간을 알려주는, 손목에 차는 기계였다. 그러니 고장이 나지 않는 이상 시계가 두 개일 필요는 전혀 없었다. 그런데 시계를 패션으로 재정의하니 상황은 달라진다. TPO Time · Place · Occasion 시간 · 장소 · 상황에 따라 바꿔 차야 하는 패션 액세서리가 된 것이다. 요즘 많은 사람들이 시계를 두 개 이상 갖게 된 건 그래서다.

프로야구단 SK와이번스도 "우리 경쟁자는 다른 프로구단이 아니라 CGV나 에버랜드"라면서, "자사의 업은 스포츠와 엔터테인먼트가 결합된 스포테인먼트"라고 밝혔다. 이렇듯 내 비즈니스의 콘셉트를 어떻게 규정하느냐에 따라 소비자가 기대할 수 있는 편익과 가치는 전혀 달라진다. 세계적인 커피기업인 스타벅스도 스스로의 업을 커피 파는 것이 아닌 사람들에게 집이나 일터가 아닌 제3의 공간을 제공해주는 피플비즈니스 People Business로 규정한 바 있다.

스포테인먼트 기업을 표방하는 SK와이번스가 인천 문학구장에 마련한 바비큐존과
삼성화재 배구단이 자신의 홈구장인 대전 충무체육관에 만든 피크닉존.
관람객들은 고기를 구워 먹거나 준비해온 음식을 먹으며 경기를 관람할 수 있다.

국내 메이저 연예기획사 중 하나인 YG엔터테인먼트는 패션기업인 제일모직과 손잡고 글로벌 시장을 겨냥한 합작 패션 브랜드를 만들기로 했다. 연예인 양성과 공연이라는 '나무'가 아닌 시대의 라이프스타일을 선도하겠다는 '숲' 차원에서의 비즈니스 콘셉트 조정이다. KT는 "빠르게 바뀌는 패스트패션은 LTE 워프의 '빠름빠름빠름' 이미지와 성격이 잘 맞는다고 생각해 에잇세컨즈와 협업했다"며 KT 워프 의류를 선보였다. 모두 자사의 비즈니스에 대한 콘셉트를 '고객가치'라는 거시적인 관점에서 재조정한 예다.

KT가 제일모직과 손잡고 만든 워프 의류.
이동통신회사가 패션의류를 만들어내고 있는 세상이다.

여기서 우리는 '액체사회'의 단면을 본다. 액체사회Liquid Society는 동종 업계 내에서의 경쟁뿐만 아니라 타업종과의 경쟁 또한 치열해지면서 이른바 업종 간 경계가 허물어지는, 액체처럼 용해되는 사회란 의미다. 이젠 누가 경쟁자인지도 또 경쟁자가 될지도 모르는 세상이 되어버렸다. 어제 어깨 걸고 같이 제휴하던 동지가 오늘 나의 심장을 겨누고 비수를 날릴 수도 있다.

얼마 전 용인에 패스트패션fast fashion의 대표주자 유니클로와 패스트푸드fast food의 황제 맥도날드의 복합매장이 문을 열었다. 전혀 어울릴 것 같지 않던 두 회사가 '패스트fast'라는 연결고리로 맺어져 새로운 고객 가치를 창출한 사례다. 만약 이들이 햄버거와 의류제품 자체의 개선이라는 '나무'만 바라보고 있었다면 결코 나올 수 없는 조합이다. '나무'가 아니라 '숲'을 보았기에 이들이 보여주는 융합과 하이브리드의 경쟁력은 그 차원을 달리한다.

:: 시장점유율이 아니라 시간점유율

닌텐도가 나이키의 경쟁자라 했던가? 닌텐도 게임기에 정신이 팔려 밖에 나가 뛰어놀지 않는 아이들 때문에 나이키를 비롯한 운동화 브랜드들의 매출이 뚝 떨어졌단다. 그렇게 한 시대를 풍미했던 닌텐도는 또 어느새 스마트폰에 밀려 적자의 늪에서 허우적대고 있다. 스마트폰 때문에 위기를 맞은 기업이 어디 닌텐도뿐인가. 한때 전성기를 구가하던 수많은 네비게이션 업체들, 그들 역시 스마트폰의 위세에 눌려 지금은 네비게이션이 아니라 블랙박스로 노선을 수정했다. 그렇게 잘나가던 지하철 무가지들도 처량한 신세다. 앞다퉈 출간 러시를 이루었던 수많은 무가지들은 이제 더 이상 찾아보기 힘들다. 무가지의 몰락 또한 경쟁지 때문이 아니라 스마트폰 때문이다.

자동차 제조사들의 경쟁자를 구글이나 마이크로소프트, 애플로 규정한 컨설팅펌 맥킨지의 '2020 자동차 보고서'를 굳이 들지 않더라도 바야흐로 액체사회의 도래를 알리는 신호탄들이 여기저기서 터지고 있다. 이젠 '시장점유율'이 아니라 해당 고객의 '시간점유율' 개념이 더욱 중요해진 배경이다.

시장점유율은 전제 시장을 100으로 놓고 그중 각각의 브랜드가 얼마만큼의 시장을 점유하고 있는지를 보여주는 지표다. 예컨대 나이키 35퍼센트, 아디다스 30퍼센트, 리복 20퍼센트 등의 표현들이 바로 시장점유율에 대한 것이다. 그러나 이젠 이런 시장점유율 개념이 무의미해졌다. 닌텐도가 갑자기 나이키의 경쟁사로 부상한 것처럼 업계의 경쟁사가 아니라 듣도 보도 못한 다른 업종의 플레이어 때문에 우리 업계 매출이 망

가지니 우리 업종 플레이어들 간의 점유율 비교는 의미가 없어진 것이다. 그래서 나온 게 시간점유율이다. 말 그대로 고객의 24시간 중에서 우리 브랜드가 얼마만큼을 차지하고 있냐에 대한 지표다. 예를 들어 고객이 우리가 만든 운동화를 6시간 신고 있다면 해당 고객에 대한 우리 브랜드의 시간점유율은 25퍼센트다. 이렇게 되면 경쟁의 차원이 달라진다. 지금까지의 경쟁이 업계 플레이어들을 중심으로 이루어져왔다면 액체사회에서의 경쟁은 전 방위적이며 입체적이다.

그게 무슨 소리냐고? 만약 우리 회사가 영화를 상영하는 멀티플렉스 극장이라고 가정해보자. 고객이 우리 극장에 영화를 보러 오지 않고 야구장엘 간다면 이젠 야구장이 극장의 경쟁자가 된다. 영화 대신에 TV를 본다면 방송국이 경쟁자가 된다. 친구와 함께 우리 극장에 영화를 보러 오는 대신에 술을 먹으러 간다면 어떨까? 해당 술집과 주류 회사 등이 경쟁자가 되는 것이다. 제각각의 효용을 가진 이 모든 경쟁자들과 고객의 한정된 시간을 놓고 다투어야 하는 세상, 업종을 불문하고 여타의 모든 회사가 경쟁자가 되는 무시무시한 세상, 이게 바로 액체사회의 실체다.

최대의 공포는 막막함이라고 했듯이 공포 영화를 보면서도 가장 무서운 장면은 피가 난무하는 끔찍한 장면이 아니라 언제 어디서 튀어나올지 모를, 알 수 없는 존재의 출현 직전이다. 급변하는 소비자의 인식과 라이프스타일 그리고 상상하는 모든 것들을 가능하게 해주는 디지털 기술과 인터넷 때문에 우리는 결코 현재의 경쟁 프레임에 안심할 수가 없다. 세상은 이제 딱딱하게 고정되어 있지 않다. 나의 경쟁자는 과연 누구인지 다시 한 번 진지하게 통찰해볼 일이다.

:: 마케팅 근시안, 그에 맞는 안경은?

근시가 찾아오면 안과에 가서 치료를 해야 하듯이 '마케팅 근시안Marketing Myopia'도 그냥 내버려둬서는 안 된다. 자칫하다가는 실명失明 정도가 아니라 생존 자체의 커다란 위협요소가 될 수 있다. 그렇다면 액체사회 시대에 있어 '마케팅 근시안'을 극복하려면 어떻게 해야 할까?

첫째, 창의력에 기반한 통찰력이 필요하다. 나이키의 경쟁자가 닌텐도라고 이야기하는 세상이다. 스마트폰의 보급이 늘어나면서 네비게이션 매출이 떨어지는 요즘이다. 전혀 상관없어 보이는 많은 요소들이 꼬리에 꼬리를 물고 줄줄이 엮여 있다. 세상에 연결되지 않은 것들은 없다. 현상이 아니라 그 현상을 잉태한 뿌리를 캐야 한다. 다양한 사회 현상의 작은 팁들로부터 앞으로 어떤 변화가 나타날지 읽어내야 한다. 설득력 있는 시장 변화 시나리오의 개발과 그에 따른 선제적 경영 대응이 뒤따라야 함은 불문가지다.

두 번째는 고객 입장에서의 재해석, 즉 모든 이슈들을 고객 입장에서 다시 따져보는 것이다. 고객이 이 제품(혹은 서비스)을 선호하는 이유가 뭔지, 아니면 외면하는 이유가 뭔지 '기업'의 관점이 아니라 '고객'의 관점에서 생각해야 한다. '제품' 자체가 아니라 고객에게 제공하는 '가치' 측면에 초점을 맞추라는 의미다. 드릴을 사는 고객은 드릴 자체가 좋아서 사는 게 아님을 알아야 한다. 고객의 욕구는 바로 '구멍'이다. 해답은 여기 숨어 있다.

끝으로 부단한 창조혁신 활동이다. 시시각각 세상은 변하고 있다. 이에 따른 고객과 라이프스타일의 변화도 필연적이다. 고여 있어서는 안 되는 이유다. 바다가 위험하다고 안전한 항구에만 정박해 있어서야 제대로 된 배라고 할 수 없다. 거친 파도를 헤치고 오늘도 바다로 나서야 한다. 그런 도전과 혁신 활동이 전제되어야만 시장은 그리고 고객은 우리에게 드넓은 바다의 속살을 허락한다. 따뜻하다고 넋 놓고 있다 서서히 끓어오르는 냄비 속에서 그대로 죽어가는 개구리의 우를 범해서는 안 될 것이다.

> ❝ 고객을 만족시키는 데 머물러서는 안 된다.
> 고객을 깜짝 놀라게 하라!
> Don't Aim to Satisfy! Aim to Surprise! ❞

혁신의 아이콘, 스티브 잡스의 말이다.

[2부 핵심 정리] 핵심개념 리스타트!

1. 마케팅의 핵심요소 = STP&BDR

리서치R:Research와 시장세분화S:Segmentation, 목표 그룹 설정T:Targeting과 포지셔닝P:Positioning, 브랜드B:Brand와 차별화D:Differentiation

2. 리서치 → 고객에게 묻지 말고 고객을 관찰하라!

중요한 건 고객에 대한 애정과 관심!

3. 브랜드 관리 = 브랜드 정체성과 브랜드 이미지의 공통 영역을 확대하는 것

4. 브랜드 자산의 5가지 요소

인지도, 고객충성도, 지각된 품질, 연상, 독점자산

5. STP : 모두를 만족시키려 하다가는 어느 누구도 만족시킬 수 없다

- 시장세분화 → 시장을 어떻게 쪼갤 것인가
- 목표 그룹 설정 → 어떤 세분시장을 목표로 할 것인가
- 포지셔닝 → 그들의 인식 속에 어떤 자리를 차지할 것인가
  즉, 쪼개고 겨누고 자리매김하라

6. 차별화 = 고객으로 하여금 나를 선택할 이유를 만들어주는 것

- 차별화하지 못하면 죽은 브랜드 → 작은 것에서도 차별적 가치를!
- 차별화에는 방향이 없다 → Do Better가 아니라 Do Different!

7. 액체사회 → 업에 대한 재정의 통해 마케팅 근시안에서 벗어나야

제품이 아니라 고객!

3부
시장
리스타트!

1장

바야흐로
3.0시장
이라고?

:: 1.0, 2.0을 거쳐 이제 3.0시장이다

시장은 진화한다. 경쟁사들과 아옹다옹하며 제품을 개발하다 보니 전체적인 제품의 기능과 디자인, 서비스와 품질은 올라갔다. 그러다 보니 제품력, 고객서비스, 브랜드 등에서 특별한 차별점이 없는 플레이어들이 오늘도 혈투를 벌이며 링 위를 뛰어다닌다. 이 뺏고 뺏기는 정글 같은 링 위에서 또 다른 차별화 포인트로 고객에게 어필하기란 사실 쉽지 않다. 그러나 기업은 이런 현실 속에서 또 다른 무언가를 보여주어야 하는 어려움에 처해 있다.

진화하는 시장에서 또 한 가지 주목할 점은 인터넷과 TGIF다. 이른바 웹 2.0, 즉 참여와 공유 그리고 개방의 사회. 인터넷 검색만 하면 내가 원하는 거의 모든 정보들을 찾을 수 있는 요즘이다. 거기에다 TGIF트위터(T), 구글(G), 아이폰(I), 페이스북(F)로 대표되는 모바일 기반의 실시간 소셜 검색 플랫폼의 등장은 '내 손안의 정보'라는 현상에 훨훨 날개를 달아주었다. 그야말로 숨을 수도, 숨길 수도 없는 세상인 셈이다

차별점 없는 성숙·포화 시장과 인터넷+TGIF, 바로 이 두 가지가 작금의 새로운 3.0시장이 탄생하게 되는 중요한 배경이다. '모든 게 낱낱이 밝혀지는 인터넷 세상에서 고객들에게 궁극적 차별점을 주려면 어떻게 해야 할 것인가'가 이제 시장에서의 성공 관건이다.

:: 이성 vs 감성 vs 영혼, 시장의 선택은?

필립 코틀러는 자신의 저서 『마켓 3.0』(원제 : Marketing 3.0)에서 지금의 시장을 3.0으로 명명한다. 1.0시장은 '이성'을 키워드로 하여 품질 등의 제품력으로 승부하던 시장이며 2.0시장은 '감성'을 키워드로 하여 서비스와 고객만족으로 승부하던 시장인 데 비해 3.0시장은 '영혼'을 키워드로 하는 진정성과 감동의 시장이다. 1.0시장에서 기업의 목표가 '제품 판매', 2.0시장에서는 '고객 만족'이었다면 3.0시장에서의 목표는 '더 나은 세상 만들기'다. 기업의 경영 철학을 보고 구매결정하는 시장이란 이야기다.

기업들이 고객을 바라보는 시각도 바뀌었다. 1.0시장에서는 고객을 물리적 필요를 지닌 대중 구매자들로 보았다. 고객의 니즈를 해결해주기 위해 제품의 스펙, 기능 같은 요소들이 중요했던 배경이다. 2.0시장에서의 고객은 이성과 감성을 지닌 영리한 소비자로 정의된다. 물리적 필요뿐만 아니라 감성까지 만족시켜줘야 지갑을 여는 고객들의 출현이다. 이미지, 브랜드, 포지셔닝 등의 개념이 중요했던 시장이다. 바야흐로 3.0시장이다.

3.0시장에서는 고객을 이성과 감성, 영혼을 지닌 완전한 인간으로 바라본다. 이성과 감성뿐만 아니라 영혼까지도 감동시켜야 하는 존재로 인식하는 것이다. 최근 기업의 미션과 가치, 철학이란 개념들에 방점이 찍히는 건 그래서다.

1.0시장 vs 2.0시장 vs 3.0시장의 주요 속성 비교

	1.0시장	2.0시장	3.0시장
목표	제품 판매	고객 만족	더 나은 세상 만들기
동인	산업혁명	정보화 기술	뉴웨이브 기술
기업이 시장을 보는 방식	물리적 필요를 지닌 대중 구매자들	이성과 감성을 지닌 영리한 소비자	이성과 감성, 영혼을 지닌 완전한 인간
기업의 초점	제품 명세	기업 및 제품의 포지셔닝	기업의 미션과 가치
가치 명제	기능	기능과 감성	기능, 감성, 영성

※출처 참고

:: 실용적 소비 vs 감성형 소비 vs 도덕적 소비

다시 말하면 '필요에 의한 실용적 소비'가 이루어지던 1.0시장과 '욕구에 의한 감성형 소비'가 이루어지던 2.0시장을 지나 이제는 '신념에 의한 도덕적 소비'가 이루어지는 3.0시장인 것이다.

보다 쉬운 이해를 위해 옷으로 비유해서 살펴보자. '필요에 의한 실용적 소비'는 추우니까 옷을 사는 거다. '욕구에 의한 감성형 소비'는 추워서 옷을 사는 게 아니다. '저 옷을 입으면 내가 멋있어 보일 거야, 예뻐 보일 거야'란 생각에 구매가 이루어진다. 그렇다면 '신념에 의한 도덕적 소비'는 어떤 것일까? 화학섬유로 만든 옷은 지구 환경을 훼손시킨다며 자연산 면화로만 만든 옷들이 시중에 나오고 있다. 그런 옷을 사는 게 바로 '신념에 의한 도덕적 소비'다. 내가 즐겨 마시던 커피가 알고 보니 원산지에서 거의 착취하다시피 갖고 오던 커피 원료로 만든 것임을 알고 '차라리 돈을 좀 더 내더라도 제대로 된 가격을 지불하고 갖고 오는 커피를 마시겠다'는 '공정무역 커피'의 이슈도 같은 맥락이다. 이른바 '착한 소비자'의 출현이다.

1.0 시장
필요에 의한
실용적 소비

2.0 시장
욕구에 의한
감성형 소비

3.0 시장
신념에 의한
도덕적 소비

:: 착한 소비자, 그들이 몰려온다

영국 마케팅 전문지인 〈마케팅〉지의 리서치에 의하면 '품질이나 가격 차이가 크지 않다면 윤리적 과정을 통해 생산 또는 거래되는 제품이나 서비스를 구매하겠다'란 대답이 전체의 85퍼센트를 넘어선다. 머나먼 이국땅의 이야기만은 아니다. 2013년 제일기획에서 진행했던 리서치 결과도 이런 사실들을 웅변한다. 기업의 사회공헌 활동과 관련하여 '기업은 사회공헌 활동에 앞장서야 한다'는 대답이 84.9퍼센트로 나타났다. 하지만 '국내 기업들이 사회공헌 활동을 잘하고 있다'는 대답은 28.2퍼센트에 머물렀다. '하는 척'만 하는 생색내기 식의 기업 활동에 고객들의 평가는 이미 이렇게 차갑다. 그러면서도 '사회공헌 활동을 하는 기업의 이미지가 좋게 느껴진다'(86.5퍼센트)고 대답하며 '조금 비싸더라도 윤리적인 기업의 제품을 구매한다'(54.3퍼센트)고 한다. 바야흐로 국내에도 '착한 소비자'의 시대가 왔음을 보여주는 결과다.

3.0시장의 성공 메커니즘 = 착한 기업에 열광한 착한 고객들이 함께 만들어가는 착한 성공

요컨대, 3.0시장은 이렇듯 '착한 소비자'가 '착한 기업'에 열광하여 '착한 성공'을 함께 만들어내는 메커니즘의 시장이다. 그런데 아직도 많은 사람들은 그건 이론상으로나 성립할 수 있는 이야기지 현실은 다르다고 말한다. 과연 그럴까?

2013년 1월, 서울 코엑스에 마련된 부스들. 수많은 사람들이 자기 이름이 불리면 한 명씩 부스에 들어가 짧은 자기소개와 함께 들고 있던 대본을 낭독했다. 그 음성을 현직 성우가 헤드폰을 끼고 평가하는 일종의 오디션 현장이다. 방송사의 유명 오디션이나 아나운서, 성우 채용 시험장이 아니었다. 어느 외국계 은행이 시각장애인용 오디오북을 만들면서 음성을 기부할 재능기부자를 뽑는 자리였다. 수고비도 한 푼 없고 상금이 걸린 오디션도 아닌데 100명을 뽑는 이 자리에 무려 2만 명의 지원자가 몰렸다. 장애인을 돕고 싶어서라든지 뭔가 보람 있는 일을 찾아서 왔다는 지원자들의 이야기를 들어보면 '착한 소비자'들은 이제 우리의 평범한 일상임을 느끼게 된다.

:: 협력 – 죠리퐁, 몇 개까지 세어봤니?

3.0시장은 세 가지 속성을 지닌다. 협력, 문화, 영성이 그것이다. 첫 번째, '협력'은 참여, 집단지성, 소셜을 떠올리면 쉽다. 그런데 이런 요소들이 기업의 경영, 마케팅 현장에는 어떤 영향을 미치는 걸까? 아래의 그림이 아마 그 질문에 대한 답이 될 수 있을 듯하다. 이 그림은 과연 무슨 그림일까?

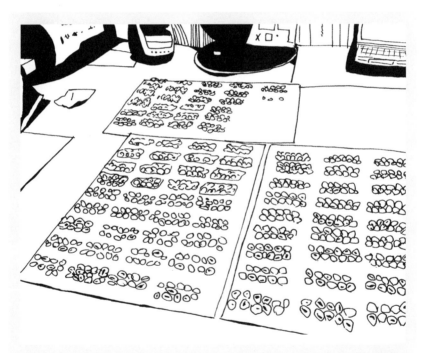

소비자가 하나하나 센 과자의 개수를 소셜미디어에 올려 사람들의 궁금증을 풀어주는 시대다.

시중에서 흔히 볼 수 있는 자그마한 알갱이 크기의 과자 그림이다. 그런데 도대체 무얼 하고 있는 걸까? 좁쌀만 한 그 죠리퐁 알갱이들을 하나씩 세어 열 개 단위로 배열해놓은 모습이다. 설마 이 죠리퐁 개수를 하나하나 세는 사람이 있을까 싶지만 봉지당 1,600개에 육박하는 죠리퐁의 개수를 직접 세어보고 그 결과를 소셜미디어를 통해 공유하는 네티즌이 나오는 요즘이다. 예전 같으면 실제 세어보고 나서도 주변 몇몇 사람들에게나 전달되었을 이런 사실들이 이젠 '카페트 카카오 스토리, 페이스북, 트위터'를 통해 아무런 제한이나 여과 없이 공중에게 전달된다. 이제 소셜미디어로 인해 기업 입장에서는 숨을 곳도, 숨을 수도 없는 무시무시한 세상이 된 것이다.

또 다른 사례도 있다. 최근 일도 아니고 몇 년이나 지난 일이다. 대리점 사장에게 막말을 퍼붓는 본사 직원의 목소리가 유튜브에 공개되며 세상을 발칵 뒤집어놓았던 남양유업 사태가 바로 그것이다. 소셜을 통해 퍼져나갔던 파일 하나가 우리 사회에 이른바 '갑을 논쟁'을 촉발시키며 남양유업 불매운동으로 이어졌다. 사태의 심각성을 파악한 남양유업은 대표이사를 포함한 임원진의 대국민 사과에 이어 대리점주의 처우 개선을 위한 협상에도 적극적으로 나섰다. 생존을 위한 선택이었다. 예전 같으면 상상할 수 없었던 일들을 가능하게 했던 소셜의 힘이었다.

남양유업 대표를 포함한 임직원들이 직원의 막말 사태와 관련하여 대국민 사과를
했다. 소셜을 통한 소비자 권력의 부상을 보여주는 대표적인 사례다.

협력과 참여로 이어지는 소셜의 시대는 세상을 유리구슬처럼 투명하
게 만들었다. 이제 소셜미디어 상에서의 자그마한 불똥 하나가 한 기업
의 매출을 좌지우지한다. 파편화되어 있던 개인들이 소셜미디어를 통해
연결되면서 갑을 관계의 틀이 바뀌고 있는 것이다. 소비자 권력의 부상
이다.

∷ 문화 – 북극곰이 불쌍해요

3.0시장의 두 번째 키워드는 '문화'다. 이는 세계화의 의미를 담고 있다. 3.0시장의 고객들은 내 주변의 일에만 관심을 갖는 것이 아니다. 글로벌 시민의 입장에서 글로벌 차원의 문제에도 관심을 가지고 반응한다. 대표적인 이슈가 '지구온난화'다. 우리 세대 살아 생전에 지구온난화로 인해 생명을 위협받을 일은 없겠지만 사람들은 나 몰라라 하지 않는다. 함께 고민하고 함께 대책을 세운다. 이런 이슈에 대해 발 빠른 몇몇 기업들은 북극곰을 모델로 해서 자사의 광고를 제작했다. 지구를 위한 녹색 혁신이란 차원에서 자사의 서비스를 연결시킨 광고들이다.

3.0시장의 고객은 글로벌 시민의 입장에서 글로벌 이슈에 대해 관심을 가진다.

아프리카 아이들이 흙탕물을 먹는 문제에 관심을 보이는 것도 마찬가지다. 한 번도 가보지 못했고 앞으로도 가볼 일이 없을 아프리카, 그 먼 땅의 아이들이 흙탕물을 먹는 문제에 대해 3.0시장의 고객들은 우려를 표하며 관련 캠페인에 참가한다.

:: 영성 – 사람은 기계가 아니잖아요

마지막은 '영성'이다. 종교에서 이야기하는 바로 그 영성이다. 3.0시장의 고객들은 돈이나 권력이 아니라 우리의 마음을 열어 우리를 움직이게 하는 그 무엇을 더 소중히 한다. 다니엘 핑크는 저서 『새로운 미래가 온다』에서 인류의 진화 단계를 5단계로 설명했다. 예전 수렵 시대 때 '사냥꾼' 이었던 사람들은 농경사회가 되면서 '농부'로 진화하고 1차 산업혁명을 맞아 몸의 근육을 쓰는 '블루칼라'가 되고 사무자동화가 되면서 '화이트칼라'로 진화를 했단다. 그리고 인류 진화의 마지막 단계, 그게 바로 '예술가'라고 말한다.

예술가란 어떤 사람들인가? 외부의 조건이 아니라 내적 창작 욕구에 따라 붓이나 펜을 드는 사람들이다. 무엇보다도 창의성을 중요하게 생각하는 이들에게 삶의 물질적 측면은 그다지 중요한 요소가 아니다. 창의적인 사람들은 의미, 행복, 영적 깨달음을 중요하게 생각한다. 최근 분야를 막론하고 사회 곳곳에서 '진정성'이란 화두가 부상하는 이유도 같은 맥락에서 찾아 볼 수 있다.

다니엘 핑크의 '경제적인 인센티브가 창의성을 파괴한다'는 도발적인 주장의 또 다른 저서 『드라이브』도 영성의 명제를 뒷받침한다. 인간은 기계가 아니기에 단순한 금전적 보상이 아니라 가치 있는 어떤 일을 자율적으로 할 때 스스로 동기 부여가 된다는 것이다. 똑같이 성당을 건축하는 힘든 일을 하면서도 어떤 사람은 힘들어 죽겠다 불평하고 또 다른 사람은 성스러운 성당을 짓는 일이기에 행복하다 말하는 게 그런 이치다.

> 66 우리의 몸이 더럽혀질수록 우리 사회는 더욱 깨끗
> 해질 것이다. 우리의 목적은 돈을 버는 것 이전에
> 세상을 깨끗하게 만드는 것이다. 99

일본 청소회사 다스킨의 스즈키 CEO의 말이다. 우리 집 청소도 힘들고 귀찮은 게 인지상정이다. 그런데 남의 회사, 남의 집을 청소한다? 만약 돈만 생각하고 하는 일이라면 육체적으로나 정신적으로나 참 쉽지 않은 일일 것이다. 하지만 고무장갑을 끼고 작업복을 입고 다른 집이나 건물의 화장실을 청소하는 힘든 일들을 새로운 가치로 바라보면 이 일들은 또 다른 의미로 다가온다. 신세계백화점에서 캐셔들에게 정년퇴임식을 열어주는 것도 같은 맥락이다. 월급 얼마 더 주는 회사가 아니라 나를 중요한 존재로 대해주는 회사에 직원들은 마음을 연다. 이렇듯 영성의 개념은 진정성, 감동의 단어로 이어지며 작금의 경영, 마케팅 환경에 접목되고 있다.

:: 애플, 이제 당신을 떠납니다

"그렇습니다. 중요한 건 바로 제품이 주는 경험, 사람들이 어떻게 느낄까, 삶이 더 좋아질까, 존재할 만한 이유가 있는 걸가. 단 몇 개의 위대한 것을 얻기 위해 그 몇 배의 시간 동안 우린 노력합니다. 우리의 손길이 닿은 모든 아이디어가 사람들의 삶에 닿을 수 있을 때까지. 당신은 무심코 지나칠 수도 있겠지만 언제나 느낄 것입니다. 이것이 우리의 서명, 그리고 이것은 우리의 전부입니다."

애플의 광고는 제품의 특장점이 아닌 애플이 만들고 싶은 세상, 애플의 철학을 이야기한다.

※출처 참고

잔잔한 배경음악과 함께 보이는 우리의 일상 그리고 그 위로 흘러나오는 내레이션. 바로 애플의 광고다. 이 광고에는 애플 제품에 대한 이야기는 일절 없다. 제품의 기능적 특장점이 아니라 애플이 어떤 세상을 만들고 싶어 하는지를, 애플의 경영 철학을 담담히 이야기한다. 3.0시장을 겨냥한 애플의 광고다. 제품의 기능적 특성이나 감성적 디자인을 넘어 애플은 자사의 철학을 지속적으로 이야기해왔다. 그래서 고객의 머릿속에 남긴 한 단어가 바로 '혁신'이다. 물론 아이폰이나 아이패드의 기능이나 디자인도 훌륭하지만 사람들은 그 이면에 녹아 있는 애플의 혁신 철학에 열광한다.

주변에서 흔히 볼 수 있는 '애플빠'들을 떠올려 보라. 애플 제품들 역시 돈만 내면 살 수 있는 것들이지만 그들의 얼굴에는 근원을 알 수 없는 자부심이 넘쳐난다. 마치 '너희 따위가 애플의 철학에 대해 뭘 알아?'라는 그 표정은 애플의 혁신 철학에 동참하는 사람으로서의 선민의식이 뚜렷하다. 여기 '미친 자들에게 바치는 시Here's to the Crazy Ones'에 녹아 있는 이 정서가 애플을 향하는 '애플빠'들의 마음을 그대로 웅변한다.

다름에 대해
생각해보세요
Think
Different

부적응자, 반역자, 말썽꾸러기들, 그들은 세상을 다르게 보는 사람들입니다
The misfits, The rebels, The troublemakers. The ones who see things differently

그들은 규칙을 좋아하지 않습니다 현재 상황에 대한 존중심도 없습니다
They are not fond of rules And they have no respect for the status quo

여러분은 그들을 칭찬할 수도 있고 다른 의견을 가질 수 있습니다
그들의 말을 인용할 수 있고 믿지 않아도 좋습니다
그들을 칭송하거나 아니면 비방할 수도 있습니다
You can praise them, disagree with them,
Quote them, disbelieve them, glorify or vilify them

다만 한 가지, 그들을 무시할 수는 없습니다
왜냐하면 그들은 세상을 바꾸는 사람들이기 때문입니다
About the only thing you can do is ignore them.
Because they change things

그들은 발명하고 상상하고 치유하고 탐험하고 창조하고 영감을 줍니다
그들은 인류를 앞으로 나가게 하는 사람들입니다
They invent. They imagine. They heal.
They explore. They create. They inspire. They push the human race forward

혹자는 그들을 미친 사람이라고 볼지 모르지만
우리는 그들에게서 천재성을 엿봅니다
While some see them as the crazy ones, we see genius.

세상을 바꿀 수 있다고 생각할 만큼 충분히 미쳤기에
그들이야말로 세상을 바꾸는 것입니다
Because the people are crazy enough to think they can change the world,
Are the ones who do.

그랬던 애플이었다. 그러나 '권불십년 화무십일홍權不十年 花無十日紅'이라 했던가? 스티브 잡스 사후 실종된 애플의 '혁신' 철학에 사람들은 실망 했다. 애플주의자를 자처했던 영국 어느 언론인의 공개 칼럼은 그 대표 적인 사례였다. '애플, 이제 당신을 떠납니다'라는 제목을 가진 편지 글 형식의 이 칼럼의 메시지는 신랄했다. '스티브 잡스의 애플은 순수함으 로 대표됐으며 이 순수함 때문에 신뢰할 수 있었지만 언젠가부터 이런 특징이 사라졌다'며 '애플은 과거 가장 뛰어난 광고를 만드는 회사였지 만 이제는 (다른 제품을) 깔보는 듯한 콘셉트를 광고에 내세우고 있다'는 실망감. 게다가 편지 말미에 '앞으로 IT 기기를 산다면 애플 로고가 찍힌 것을 사는 일은 더 이상 없을 것'이라며 '당신(애플)이 최근에 보여주고 있는 평범함에 질렸다'는 말과 함께 작별 인사로 끝을 맺는 칼럼이었다. 밥그릇 싸움으로만 비쳐지는 애플의 특허 소송에 질린 소비자들의, 법정 이 아닌 시장에서 싸우라는 주문도 동일 선상에 있는 고객의 반응이다.

하지만 이런 현상들이 단순한 해프닝이나 에피소드 차원만은 아니라는 게 더 문제다. 실제 애플의 주가 흐름을 보면 이런 현상이 피부에 와 닿는 다. 아이폰5를 발표했던 시점인 2012년 9월 19일, 애플의 주가는 702.10 달러를 기록했다. 그러나 그로부터 약 7개월이 지난 시점인 2013년 4월 19일, 애플의 주가는 390.53달러로 연중 최저치를 찍었다. 이후 약간의 오 름세를 보이긴 했지만 한창 때의 그것에 비하면 좀 과장해서 말하자면 반 토막 수준이다. 게다가 매출이나 수익, 모바일 OS의 시장점유율 등 각종 지표에서 애플의 위상은 예의 독보적인 황제의 모습을 보여주지 못하고 있다. 기업의 경영 철학을 보고 구매결정을 한다는 3.0시장의 속성이 고스란히 드러나는 대목이다.

최근 애플 주가 변화

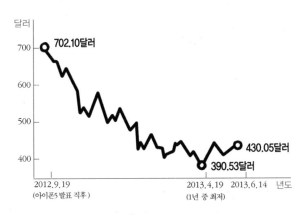

2012년 9월, 700달러를 상회하던 애플의 주가는 2013년 4월 연중 최저치인 390 달러를 기록했다. 기업의 경영 철학을 보고 구매를 결정하는 3.0시장의 또 다른 특징이다.

※출처 참고

2장

3.0시장,
이런 기업이
성공한다

:: TGIF가 아니라 TGIM

기업이 표방하는 가치와 기업의 활동이 분리되지 않는 시대, 시장이 기업의 철학과 행보의 일거수일투족을 감시하고 간파하는 시대에는 그럼 어떤 마케팅이 주효할까?

핵심은 진정성이다. 추구하는 가치에 대한 진정성. 사회에 긍정적 영향을 미치고자 하는 기업의 활동이 곧 마케팅이 되는 시대다. 과거에는 '훌륭한 제품을 만들었으니 구매하라'는 것이 기업의 마케팅이었다. 그러나 이제는 '우리는 기존 질서와 다르게 생각한다. 이용자를 위해 멋지게 디자인하고 사용하기 편리하게 제품을 만든다'라는 식의 커뮤니케이션으로 소비자를 위한 가치와 철학의 바탕 위에서 진정성을 갖고 고객의 영혼을 감동시키는 것. 이것이 바로 3.0시장에서의 3.0마케팅이다.

그 대표적 성공사례가 미국의 온라인 신발 쇼핑몰인 재포스다. 이 회사는 창업 10년 만에 매출 1조 원을 달성했다. 온라인에서 신발을 판매하여 얻은 실적으로서는 실로 대단하다. TGIFThanks God, It's Friday, 하느님, 감사합니다. 주말입니다에 역행하는 직원들의 열정이 있어서다. (재포스의 직원들은 금요일이 되면 시름시름 앓는다. 빨리 월요일이 돌아오기를 손꼽아 기다린단다. 진짜다.) 재포스 직원들은 회사를 대단히 사랑하고 자신의 일에 긍지와 자부심을 느끼며 행복하게 업무에 임한다. 그들이 만들어내는 사보에는 자부심, 긍지, 만족, 행복이란 단어들이 수도 없이 쏟아진다. 그 비결이 뭘까? 재포스는 온라인 쇼핑몰이기에 콜센터가 매우 중요하다. 그 중요한 재포스의 콜센터에는 단 하나의 규정이 있다.

고객을 행복하게
할 수 있다면 사내의
어떤 규정이라도
어겨도 좋다!

재포스 콜센터에 있는 단 하나의 규정은 바로 이거다. 이러니 직원들이 자부심과 긍지를 갖는 건 당연한 일이다. 세계적 미래학자 다니엘 핑크가 그의 저서 『드라이브』에서 자발적 동기부여의 요소로 세 가지를 꼽은 바 있다. 목적, 숙달, 자율이 바로 그것인데 사람에게는 누구나 이런 보편적인 욕구가 있다는 것이다. 요컨대 사회적으로 뭔가 가치 있는 일을 하고 싶다는 '목적'의 욕구, 그리고 중요한 무엇인가를 내가 더 잘하고 싶다는 '숙달'의 욕구, 마지막으로 누가 시켜서가 아니라 내 스스로 어떤 일을, 언제, 누구와, 어떻게 할지 정하고 싶어 하는 '자율'의 욕구다. TGIF가 아니라 TGIM, 주말이 아니라 월요일이 빨리 돌아오기를 손꼽아 기다리는 재포스 직원들의 열정을 이끌어내는 비결은 바로 이런 내재적 동기 부여의 요소들이다.

:: 고객과 일곱 시간 동안 통화하다

온라인 쇼핑몰에서 매출을 올리기 위한 중요한 변수는 콜 숫자다. 최대한 많은 콜을 받아야 매출을 올릴 수 있는 확률이 높아진다. 수많은 기업들이 한 콜당 통화시간을 최대한 짧게 가져가려 노력하는 이유다. 그런데 놀라지 마시길. 재포스 콜센터에는 한 고객과 무려 '일곱' 시간을 통화한 기록이 나온다. 말이 되나? 일곱 시간 동안 도대체 고객과 어떤 대화를 나누었을까? 아니, 일곱 시간 동안 과연 고객과 전화통화가 가능할까? 사랑하는 배우자와도 일곱 시간의 통화는 결코 쉽지 않은 일이다.

바로 여기에 재포스의 고객 철학이 녹아 있다. 재포스는 고객을 고객으로 대하는 것이 아니라 친구로 대한다. 그러니 신발과 관련된 어떤 이야기도 함께 나눈다. 심지어 고객이 원한다면 신발과 상관없는 이야기도 한다. 친구들과 찜질방에 앉아서 몇 시간씩 이런저런 수다를 떨던 스스로의 모습을 떠올려보라. 그게 재포스가 고객을 대하는 방식이다. 고객을 물건을 판매할 대상으로만 생각한다면 결코 있을 수 없는 일이다.

> 66 우리가 먼저 전화를 건 것도 아니고 고객이 자신의
> 소중한 시간을 쪼개서 우리에게 전화를 걸어주었
> 는데 왜 우리가 먼저 끊나요? 99

"고객이랑 일곱 시간씩 전화기를 붙잡고 있으면 신발은 언제 파나?" 는 어느 기자의 질문에 재포스의 오늘을 있게 한 재포스 CEO 토니 셰이의 이 말은 우리에게 시사하는 바가 크다.

:: 재포스에서는 왜 신발만 파시나요?

그럼 여기서 간단한 퀴즈를 하나 풀어보자. 이 책을 읽고 있는 당신이 재포스의 콜센터 상담원이라고 가정해보자. 지금 막 어느 고객으로부터 주문 전화가 걸려왔다. 그런데 저런, 고객이 찾는 제품이 지금 없다. 재고가 떨어진 것이다. 적어도 이틀은 지나야 다시 입고될 제품이다. 당신이라면 어떻게 고객을 응대할 것인가?

"죄송합니다, 고객님. 지금은 말씀하신 제품의 재고가 없는데요. 이틀 후에 다시 입고 예정입니다. 연락처를 남겨주시면 제품이 입고되는 대로 바로 구매하실 수 있도록 연락을 드리겠습니다."

아마도 이 정도 대답이 최선이 아닐까 싶다. 사실 이 정도 수준의 대답이 쉽게 나오는 기업도 별로 없다. 그런데 재포스는 다르다. 어떻게 다르냐고? 인터넷을 검색해보고 지금 바로 구매 가능한 경쟁사 사이트를 알려준다.

"재고 관리를 잘못한 건 우리인데 왜 우리 때문에 고객을 이틀간 기다리게 해야 하나요? 고객은 지금 필요해서, 지금 구매하려고 전화를 한 거잖아요."

이게 고객을 위하는 재포스의 진정성이다. 재포스 홈페이지에 '왜 재포스에서는 신발만 파시나요?' 하는 고객의 구매후기가 올라오는 것은 그래서다. 고객 감동을 넘어 고객 졸도 수준의 서비스를 제공하는 이 재포스의 경영권을 아마존닷컴이 1조 2천억 원이라는 거금을 주고 인수한 이유는 엄청난 경쟁자로 자라날 재포스의 싹을 미리 잘라 같은 우산 속으로 편입시키기 위해서였다고 한다.

:: 필요하지 않다면 이 재킷을 사지 마라

이본 쉬나드 창업자 겸 회장이 이끄는 아웃도어 의류업체 파타고니아Patagonia의 사례도 인상적이다. 파타고니아는 '이익'이 아니라 '환경'에 집착한다. 필요하지도 않은 수요를 자극해서 매출을 높일 생각이 없는 회사다. '건강하게 성장하는 것'과 '비만으로 덩치가 커지는 것'을 철저히 구별한다. 파타고니아 설립 이전, 본인이 생산하는 암벽 등반용 장비가 암벽을 훼손하는 것을 보고 대체 장비를 개발했던 쉬나드 회장은 지금도 환경 문제에 무한한 관심을 쏟으며 모든 제품을 100퍼센트 유기농 면화로만 생산하는 것을 철칙으로 한다.

'필요한 제품을 최고 품질로 만들고 제품 생산으로 환경 피해를 주지 않으며 환경 위기 극복을 위한 해법을 찾아 널리 알리고 실천'한다는 사명을 가진 파타고니아는 그래서 광고도 파격적이다. 2011년 뉴욕타임즈에 실렸던 파타고니아 광고의 헤드라인은 '필요하지 않다면 이 재킷을 사지 마라!Don't Buy This Jacket Unless You Need It!'였다. 엄밀히 따지면 친환경적 제품이란 건 있을 수 없다. 그러니 환경 보호를 위해서는 제품 자체를 생산하지 않는 게 정답이지만 그럴 수는 없으니 덜 쓰자는 이야기다. 비단 필요도 없는 물건들을 무심히 구매하고 무심히 소비하는 사람들뿐만 아니라 현대를 살고 있는 모든 이들에게 던지는 강력한 메시지다.

새 재킷을 사라고 마케팅하는 대신 반짇고리를 내놓아 가급적 수선해서 오래 입으라고 말하는 파타고니아의 행보는 기존의 마케팅 관점에서는 선뜻 이해하기 어렵다. 하지만 미국 아웃도어 시장에서 노스페이스에

2011년 뉴욕타임즈에 실린 파타고니아의 인쇄광고.
자사 제품 위에 걸린, '이 재킷을 사지 마라'는 헤드라인이 인상적이다.

※출처 참고

이어 시장 점유율 2위를 기록하고 있는 파타고니아는 3.0시장에서의 마케팅 전략 방향을 가리키는 나침반이다. 앞으로 낡고 너덜너덜해진 바지를 입는 게 더 근사해 보이는 세상을 만들겠다는 파타고니아의 꿈과 그 꿈에 열광하고 환호하는 고객들의 애정은 그 자체로 3.0시장의 단면인 셈이다.

:: CEO가 아니라 Chief Shoe Giver!

3.0시장에서의 또 다른 성공 사례는 톰스슈즈다. 톰스슈즈의 TOMS 란 브랜드는 '내일을 위한 신발', 즉 'Shoes for Tomorrow'에서 따온 말이다. 내일을 위한 신발을 만들어 내는 이 회사의 CEO는 블레이크 마이코스키라는 사람이다. 만나본 적은 아직 없지만 마이코스키 사장의 명함에는 CEO가 아니라 Chief Shoe Giver라는 단어가 적혀 있다고 한다. 말그대로 최고경영자가 아니라 '최고 신발 기부자'란 뜻이다. 마이코스키 사장의 꿈은 단순하다. 가난에 고통 받는 아이들의 발에 수백만 켤레의 신발을 선물하게 될 날을 만드는 게 그의 꿈이다.

마이코스키 사장은 톰스슈즈를 설립하기 이전 세탁 사업과 TV 네트워크 사업을 한 기업가였으며 2인 1조로 전 세계를 돌며 경주하는 CBS의 리얼리티쇼 〈어메이징 레이스The Amazing Race〉의 참가자였다. 그는 거액의 상금이 걸린 우승을 단 5분 차이로 놓치게 되고 그간의 일을 추스르고 휴식을 취하기 위해 촬영 중 가장 인상 깊었던 아르헨티나로 휴가를 떠나게 된다. 거기서 그가 본 건 가난으로 신발조차 없이 거친 땅바닥 위에서 뛰어놀고 있는 아이들이었다. 그 때부터 그의 고민은 시작되었다.

> 가난 때문에 신발도 없이 하루하루를 살아야 하는 저 아이들을 '지속적이면서도 안정적으로' 도와줄 수 있는 방법은 없을까?

톰스슈즈의 원포원(One for one) 캠페인 개요.
고객이 톰스슈즈 한 켤레를 구매하면 톰스슈즈가 또 다른 한 켤레를 기부하는 형태다.

지속적이면서도 안정적으로 아이들을 도와준다는 것. 아이들을 돕기 위한 자선 캠페인이 아니라 신발 사업을 시작하게 된 이유였다. 돈을 벌기 위해서가 아니라 아이들을 도와주기 위한 신발 사업이 시작된 것이다. 톰스슈즈의 그 유명한 원포원 'one for one' 캠페인의 배경이다. 원포원 캠페인은 톰스슈즈 한 켤레가 판매될 때마다 톰스에서 또 다른 한 켤레를 가난한 아이들을 위해 기부하는 프로그램이다.

그다지 비싸지 않은 가격대에다 심플하고 내추럴한 디자인, 게다가 좋은 일까지 한다니 3.0시장의 착한 고객들은 열광했다. 2006년 첫 해에 1만 켤레의 신발이 팔리고 1만 켤레의 신발이 기부되었다. 이듬해는 5만 켤레, 그 다음 해는 30만 켤레, 또 그 다음 해는 60만 켤레. 4년 만에 무려 100만 켤레! 톰스슈즈는 날개 돋친 듯 팔려나갔다. 착한 기업의 착한 제품에 착한 소비자가 열광하니 착한 성공이 만들어진다. 3.0시장의 전형적인 성공 메커니즘이다. 마이코스키 사장은 부자가 되었다. 그러나 그의 집은 길이 13미터짜리 방 두 개, 화장실 두 개에 부엌과 화장실이 딸린 작은 배다. 가진 게 많을수록 머리가 복잡해지더라는 그의 생각이 반영된 그의 집은 돈이 아니라 지속 가능한 방식의 기부 자체가 목표임을 보여주는 진정성의 바로미터다.

　보통 신발 브랜드들이 매출의 10~15퍼센트를 할애하는 광고를 없애고 마이코스키 사장은 연간 220일 정도 전 세계를 돌며 직접 고객을 만난다. 광고가 아니라 본인의 육성을 통해서 톰스의 스토리를 들려주기 위해서다.

"사실은 더 효율적이다. 강연에 5,000명이 모일 때도 있다. 각자 페이스북에 200명씩 친구가 있다고 치면 내 이야기는 100만 명에게 퍼진다. 이때 정보의 출처는 기업이 아니라 친구나 가족처럼 신뢰할 만한 사람이다. 광고에서 '톰스가 최고'라고 하는 것보다 친구가 그렇게 말하는 게 더 와닿는 것이다. 이게 우리의 말하기 방식이다. 광고는 브랜드가 메시지를 전파하지만 내 메시지는 '나'라는 사람으로부터 나온다."

메시지 전파에 효율성이 떨어지지 않을까라는 질문에 대한 그의 대답이다. 3.0시장과 3.0시장의 고객, 3.0시장의 마케팅 전략 방향성을 꿰뚫어보는 놀라운 통찰력이다.

1년에 한 번 '신발 없는 날One Day Without Shoes' 캠페인을 통해 신발 없이 산다는 게 얼마나 큰 고통인지 그리고 신발이 얼마나 소중한 것인지 느껴보자는 톰스슈즈. 가난으로 고통 받는 아이들에게 신발은 어쩌면 신발 그 이상의 무엇일지 모른다. 그들에게 수백만 켤레의 신발을 선물하려는 블레이크 마이코스키 사장의 꿈은 지금 상당 부분 이루어졌다. 그러나 그 꿈은 아직도 현재진행형이고 진화 중이다. 안경을 팔아 그 수익금으로 시각장애인을 위한 무료 개안 수술을 해주고 있는 톰스아이웨어 사업은 그 꿈의 또 다른 방향으로의 진화 결과물이다.

:: 육일약국, 상대방을 미안하게 하라

3.0시장에서의 이런 성공 사례는 외국에만 있는 건 아니다. 우리나라에도 고객의 영혼을 감동시켜 성공한 예는 많다. 『육일약국 갑시다』의 저자 김성오 대표가 대표적인 사례다. 김성오 대표는 마산이 고향인, 서울대학교 약대를 졸업한 수재였다. 하지만 집이 가난했기에 대학을 졸업해서도 번듯한 약국 하나 내기가 힘들었다. 마산 변두리, 2부 이자로 빌린 6백만 원의 돈으로 시작한 4.5평의 육일약국은 그렇게 세상 빛을 보게 되었다. 그러나 그런 약국에 손님이 많을 리가 만무했다. 하루 종일 약국에 앉아 있어봐야 손님이 없는 날이 더 많았다. 그나마 문을 열고 들어오는 손님들은 길을 물어보는 할아버지, 할머니들. 변두리 판자촌이다 보니 길들이 어지럽게 얽혀 있고 그러다 보니 연세 드신 분들이 구깃구깃한 약도 하나 손에 들고 거리를 헤매다 약국 문을 열고 들어서는 것이었다. 누구나 그렇듯 다들 친절하게 길 안내를 해 줄 것이다. 그러나 김성오 대표는 거기서 한발 더 나갔다. 한 손으론 할아버지, 할머니들의 짐 가방을 들고 또 다른 한 손으론 그 분들의 거친 손을 잡고 직접 일일이 모셔다 드렸다. 우연한 기회로 김성오 대표를 직접 만날 일이 있어 이런저런 이야기를 나누다 물었다.

"아니, 어떻게 그렇게까지 하실 수 있었나요?"
"에이, 그때는 손님도 없었는데요, 뭘(웃음)."

그러나 손님이 없다고 누구나 다 그렇게 할 수 없다는 걸 우리는 안다. 김성오 대표의 인생철학은 '상대방을 미안하게 하라' 다. 먼저 베풀라는 의미다. 그렇게 베풀면 나중에 어떤 형태로든 내게 이익으로 돌아온다는 얄팍한 계산이 들어간 개념이 아니다. 내 눈앞에 지금 서 있는 사람, 그 사람을 진심으로 위하는 진정 어린 마음이다.

이외에도 고객의 영혼을 감동시킨 김성오 대표의 비결(?)은 무궁무진했다. 약국을 찾는 손님들의 이름을 외우는 것은 시작일 뿐이다. 친절에 대한 사람들의 기대치를 1이라 가정한다면 김성오 대표는 1.5를 실천했다. 그런 이야기들이 여러 사람들의 입을 타고 여기저기 퍼지기 시작했다. 그러자 신기한 일들이 생기기 시작했다. 아프지도 않은 사람들이 괜히 약국에 와서는 피로회복제를 사 마시기도 하고 자기 집 근처에 약국이 있음에도 멀리 육일약국까지 찾아와 약을 사갔다. 1983년 군대를 제대하고 6백만 원의 빚으로 시작한 마산 변두리의 손바닥만 한 약국은 12년 만에 무려 2백 배의 성장을 일구어냈다. 무일푼 약사 출신 CEO의 3.0시장에서의 성공 스토리다.

:: 현대카드 '통곡의 벽'을 아시나요?

어느 대기업 건물 1층 로비. 많은 사람들이 오가는 속에 한쪽 벽면이 눈길을 사로잡는다. 수많은 모니터들이 벽에 줄을 이어 붙어 있다. 도대체 뭔가 가까이 가보니 고객들의 불평불만 사항들이 모니터에 빼곡하게 올라온다. 현대카드 사옥 1층에 있는 이른바 '통곡의 벽'이다. 고객의 불평불만이란 보통의 기업에게 있어 가급적 숨기고 싶은 치부 중 하나다. 그럼에도 현대카드는 이처럼 고객의 불평불만 사례들을 있는 그대로 보여준다. 고객들에게는 개선의 의지를 보여주고 내부 직원들에게는 반성의 경종을 울리는 것이다. 고객의 마음에 큰 울림을 주는 용기다.

현대카드 사옥 로비에 마련된 '통곡의 벽'.
이 모니터에 고객의 불평불만 사항들이 올라오며 이 내용들은 모든 사람들에게 있는 그대로 보인다.

요즘도 많은 기업들이 홈페이지를 개편하면서 고객 게시판을 아예 없애고 있다. 고객들의 악성 불만 글은 관리도 힘들 뿐더러 또 다른 고객들에게 괜히 안 좋은 이미지만 줄 수 있다는 게 그 이유다. 하지만 고객 게시판을 없앤다고 고객의 불평불만까지 없어질까? 그 내용들은 오롯이 '카페트카카오스토리, 페이스북, 트위터 등으로 대표되는 소셜 미디어'로 옮겨간다. 우리 홈페이지에 올라오면 그나마 파악과 대처가 가능하다. 그러나 '카페트'로 옮겨간 고객의 목소리는 파악조차 힘들다.

그러나 아직 수많은 경영 현장에는 이런 씁쓸한 광경이 비일비재하다. 현대카드가 후발주자로 시장에 들어와 지금의 위상을 갖게 된 데에는 다 이런 이유가 있다. 오죽하면 대한민국 신용카드 업계는 현대카드 이전과 이후로 나뉜다는 말이 나올까? 이유 없는 성공은 결코 없다.

3장

고객이
아니라
친구!

∷ 고객, 윈윈 게임의 파트너

3.0시장에서 고객은 더 이상 설득이나 공략의 대상이 아니다. 행복하게 만들어줘야 할 파트너이자 게임의 파트너다. 어떤 게임이냐고? 지금껏 고객과의 게임은 제로섬 게임이었다. 누군가가 따면 누군가는 잃어야 하는 제로섬 게임. 승자 없는 지루한 공방전이 지속되어 왔던 이유다. 그러나 이제는 다르다. 제로섬 게임이 아니라 윈윈 게임의 파트너로 고객을 바라보아야 한다. 고객이 잘됨으로써 나도 잘되는 윈윈 게임. 3.0시장은 이런 윈윈 게임의 메커니즘으로 돌아가는 시장이다.

> 고객은 행복하게 만들어줘야 할
> 윈윈 게임의 파트너!
> 고객이 아니라 친구!

말 그대로 고객이 아니라 친구다! 고객을 물건을 팔려는 대상으로만 봐서는 윈윈 게임은 성립되지 않는다. 내 모든 걸 바쳐 고객이 잘되도록 도와야 한다. 어려움에 빠진 친구에게 따뜻한 손을 내어주듯이 고객에게도 그래야 한다. 예전 학창시절에 배웠던 맹자의 측은지심을 떠올려보라. 고객을 불쌍하게 여기는 마음이 필요하다. '아, 이거 불안했겠구나', '이거 불편했겠네', '이건 힘들었겠는데' 하는 마음들이다. 이런 이야기를 하면 많은 기업의 CEO들은 고개를 끄덕이면서도 또 한편으로는 손사래를 친다.

"아이고, 우리도 먹고살기 힘든데 어떻게 그렇게까지 합니까? 그래가지고 회사 경영을 어떻게 하라고?"

쉽지 않은 일임을 안다. 하지만 이제 이렇게 하지 않으면 우리의 생존이 불가능하다. 내가 힘들더라도 비 내리는 거리, 내 우산을 벗어 고객을 위해 씌워줄 때 지속가능경영이 가능한 3.0시장이기 때문이다.

고객을 위하는 측은지심만이 3.0시장에서의 살 길이다.

∷ 폭풍 감동, 액정이 깨졌는데 수리가 가능한가요?

어느 쇼핑몰 홈페이지의 고객 게시판. 한 고객의 문의 글이 올라왔다.

"아기가 모니터를 쓰러뜨려버렸는데 바로 액정이 깨져버렸네요. ∷
이런 경우 무상수리가 가능한지요? 유상수리면 비용이 어느 정도 드는지
알고 싶습니다.
AS센터 직접 가는 건 힘들 거 같고 택배로 가능할 거 같은데 절차 좀 알려주
세요."

흔히 볼 수 있는 고객 문의사항이다. 그에 대한 해당 제품 제조사의
답변.

"안녕하세요. 고객님. 알파스캔 모니터입니다. 아기가 모니터를 쓰러트리셨
다고요? 아기가 다치거나 놀라지는 않았나 걱정이네요. 너무 나무라지 마시
고요. 알파스캔의 고객행복철학으로는 소비자 과실이라는 용어는 어른들에
게나 해당되고 아기에게는 적용할 수 없지 않을까요? 저희 부서의 예산과 권
한으로 무상으로 수리해 드리겠습니다. 10년~20년 후의 알파스캔의 고객님
이 되실 수도 있는 자제분에게 드리는 알파스캔의 작은 선물입니다."

요즘 말로 '감동 작렬'이다. 비용이 얼마라는 사실을 떠나 아이를 먼
저 걱정해주는 마음에 괜스레 코가 찡하다. 이 글을 올린 고객이 받았을

감동의 크기는 더욱 컸을 터. 그래서인지 고객은 이 내용을 캡쳐하여 자신의 페이스북 담벼락에다 올렸다. 좋아요 수는 27,737개, 공유는 100건.(지금은 아마 숫자가 더 늘었을 것이다.) 페이스북을 하시는 분은 27,000개가 넘는 '좋아요' 란 숫자가 얼마나 대단한 숫자인지 알 것이다. 게다가 100건의 공유까지. 더 놀라운 건 댓글들의 내용이다.

- 한 번 찾은 고객을 다시 찾게 만드는 게 성공의 비결 ^^
- 알파스캔 4년째 쓰는데 고장 하나도 없고 좋아요!!
- 쩐다… 삼 머시기나 엘 머시기 대기업보다 100000000000000배 나은 듯
- 수많은 사람의 마음을 움직여버렸네요. 제품만 좋다면 이 회사 잘될 수밖에 없을 듯… 근데 너무 이러면 회사 경영이 안 좋아질 수도 있음. ㅎㅎㅎ 암튼 이런 회사가 잘됐으면 좋겠어요.
- 무상수리 조건을 떠나서 소비자를 대하는 경영마인드가 칭찬받을 만하다고 보여지는데요. 뒷돈 주고 물건 대가면서 파워 블로거 이용해 마케팅하는 기업들에 비하면 홍보를 감안한 처사라 하더라도 훌륭한 결정이라 생각합니다.

훈훈한 호평과 칭찬 일색이다. 심지어 이렇게 경영해서 괜찮겠냐 하는 걱정까지 엿보이다. 고객의 영혼을 감동시키니 따라오는 반응들이다. 요즘 유행처럼 번지고 있는 소셜마케팅도 사실 핵심은 이런 것이다. 트위터나 페이스북에서 이벤트하고 경품을 거는 것이 중요한 게 아니라 이

렿게 고객의 마음을 움직일 수 있는 소스를 제공하는 게 관건이다. 그러면 고객은 그걸 자발적으로 퍼다 나른다.

20121219 11:17:37

아기가 모니터를 쓰러트렸는데 바로 액정이 깨져버렸네요;
이런경우 무상수리가 가능한지요 ? 유상수리라면 비용이 어느정도 드는지 알고싶습니다.
as 센터 직접가는건 힘들거같고요 택배로 가능할거은데 절차좀 알려주세요.

↳ Alpha 알파스캔 플러스(alphascan)님
20121219

첨주신 사람 고객님 안녕하세요? 알파스캔모니터입니다.

아기가 모니터를 쓰러트리셨다고요? 아기가 다치거나 놀라지는 않았나 걱정이네요.
너무 나무라지 마시고요. 알파스캔의 고객행복철학으로는 소비자 과실이라는 용어는
어른들에게나 해당되고 아기에게는 적용할 수는 없지 않을까요? 저희 부서의 예산과
권한으로 무상으로 수리해드리겠습니다. 10년~20년 후의 알파스캔의 고객님이
되실 수도 있는 자제분에게 드리는 알파스캔의 작은 선물입니다. 알파스캔 홈페이지
상단 메뉴 중 고객지원-질문과 답변에 간단한 사연과 다나와 ID를 남겨주시면 연락
드리겠습니다. 감사합니다.

알파스캔의 AS 사례는 대기업들의 그 어떤 화려한 광고보다도 더 많은 사람들의 마음을 움직였다. 돈 한 푼 들이지 않고 고객을 위하는 진정성 하나로 만들어낸 광고 효과다.

※출처 참고

:: 진정성을 바탕으로 고객의 영혼을 감동시켜라

3.0시장, 더 이상 고객은 광고에 귀 기울이지 않는다. 구매 결정을 위해 그들이 귀 기울이는 건 기업이 아니라 (소셜 상에서의) 친구Friend 혹은 팬Fan이나 팔로워Follower들의 말이다. 언제부턴가 소비자의 구매의사 결정 과정에 새롭게 등장한 이른바 F-팩터factor들이다. 기업만이 독점하던 정보의 불균형이 깨지면서 소비자들은 매스미디어에서 넘쳐나는 기업들의 달콤한 구애에 이제 마음의 빗장을 질러버렸다.

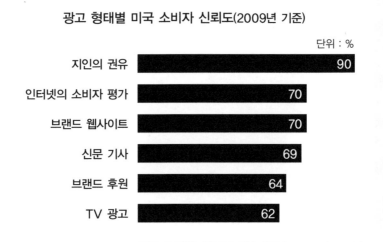

광고 형태별 미국 소비자 신뢰도(2009년 기준)

단위 : %

지인의 권유	90
인터넷의 소비자 평가	70
브랜드 웹사이트	70
신문 기사	69
브랜드 후원	64
TV 광고	62

미국 소비자들의 광고 형태별 신뢰도. 광고에 대한 신뢰도는 점차 떨어지고 있다.

※출처 참고

TV, 신문, 라디오, 잡지 등을 통한 융단폭격 식 마케팅에 집중하던 기업들이 소셜미디어로 눈길을 돌린 배경이다. 그들은 고객의 구매의사 결정을 좌지우지하는 F-팩터 공략을 위해 '소셜'을 앞다퉈 활용했다. 소셜미디어 상에서 이벤트를 벌이며 팬 숫자를 늘리고 '공유하기'와 '좋아요' 클릭을 독려했다. 그런데 직원들까지 동원하여 팬과 친구 수를 늘리며 신제품 출시, 가격 할인 등의 메시지를 계속 올렸지만 고객 반응은 신통찮다. 뭐가 잘못된 것일까?

첫 번째는 '이야기 주체'의 문제다. 관건은 '매스미디어냐, 소셜미디어냐'의 채널 문제가 아니라 '누가 이야기하느냐'이다. 3.0시장은 '관계'를 중심으로 움직인다. 일방향의 중앙집중식 커뮤니케이션은 상호 소통의 관계에 어울리지 않는 옷이다. 지금까지 이야기의 주체가 기업이었다면 이제는 고객이 말하게 해야 한다. 이제 기업은 마이크를 독점하던 화려한 주인공의 자리에서 내려와 고객의 말 한마디, 고객의 몸짓 하나에 힘을 실어주는 따뜻한 조연이 되어야 한다.

두 번째는 '이야기 방식'의 문제다. 고객을 고객으로 대하는 것이 아니라 친구가 되어야 한다. 이해관계가 걸리면 친구가 아니다. 나와 같은 그리고 나를 위해주는 친구에게 우리는 신뢰로 화답한다. 기업들은 이 부분을 간과했다. 들입다 제품을 내밀거나 클릭을 강요했다. 그들은 고객을 물건을 팔려는 대상으로만 인식했지 친구로 바라보지 않았다. '팬'이나 '좋아요'의 숫자는 말 그대로 숫자일 뿐 신뢰 관계는 숫자로 측정되는 게 아니다. '어떻게 하면 고객의 지갑을 열까' 하는 얄팍한 테크닉이 아니라 '어떻게 하면 이 친구가 행복해할까' 하는 진정성이 고객의 영혼을 감동시킨다.

그럼에도 대행사를 통해 소셜커뮤니케이션을 진행하거나 '친구 마인드'가 아니라 기계적인 매뉴얼을 통해 고객과 소통하려는 기업들을 종종 본다. 친구를 사귈 때 다른 사람에게 사귀어 달라고 부탁한다거나 시나리오를 만들어놓고 친구를 '전략적으로' 대한다는 건 어불성설이다. 화장으로 떡칠한 얼굴이 아니라 진솔한 민낯으로, 매뉴얼에 명기된 ARS의 기계음이 아니라 정감 어린 육성으로 고객을 대해야 한다. 숨을 곳도, 숨을 수도 없는 3.0시장이라서다.

2007년 캐나다 브리티시 컬럼비아 대학교 경영학과 연구진의 연구 결과는 3.0시장에서의 기업 성공 방정식에 새로운 힌트를 던져준다. 미국의 대표적인 인터넷 쇼핑몰인 아마존Amazon과 이베이eBay. 연구팀은 고객들이 상품이나 배송에 대한 불만을 보여주지 않았던 이베이보다 호평과 불만을 가감 없이 공개한 아마존을 신뢰한다는 연구결과를 발표했다. 당시까지 이베이는 판매자와 구매자에게 인센티브를 주면서 긍정적인 상품평을 많이 올리도록 권장하고 있었다. 이에 비해 아마존은 구매자만 상품평을 올리게 했으며 그 내용이 좋든 싫든 어떤 제약이나 인센티브도 주지 않았다. 이베이는 그해 11년간 유지해오던 상품평 시스템을 아마존 방식으로 완전히 바꿨다.

많은 식당들이 공깃밥 한 그릇에 천 원을 받는다. 국수 곱빼기도 마찬가지다. 매출로서의 의미가 얼마나 될까? 친구가 아니라 고객이란 생각이 빚어내는 모습이다.

"모자라면 말씀하세요. 더 드릴게요."

사람 좋아 보이는 웃음과 함께 건네는 이런 말 한마디가 단단한 고객의 마음을 여는 알리바바의 주문이 된다. 밀어내기 식의 푸시마케팅으로 대박을 쳤던 이야기들은 이제 옛말이다. 고객의 마음을 어루만지는 기업이 성공한다. 3.0시장에서의 성공 방정식? 답은 대규모 기업형 프랜차이즈의 그것이 아닌 이런 '구멍가게 마인드'다. 비즈니스 성공 공식에 마음과 영혼이라는 새로운 재료가 추가되어야 하는 것이다.

'A 식당, 인심 최고! 꼭 한 번 들러보세요. 강추합니다!'

정이 담긴 공깃밥 한 그릇을 맛있게 비운 그 고객이 흐뭇한 미소와 함께 소셜미디어에 올리는 글은 이렇게 나온다.

∷ 마케팅 3.0, '이유'에서 출발하라

뜨거운 열정과 확고한 주인의식으로 무장한 직원들. 신제품이 나오기만 손꼽아 기다리며 언제든 지갑을 열 준비가 된 고객들. 세상의 모든 CEO들이 꿈꾸는 황홀경이다. 하지만 현실은 꿈이 아니다. 아니, 오히려 반대다. 도대체 어떻게 해야 직원들로부터는 헌신을, 고객들로부터는 열광을 이끌어낼 수 있을까? 사이먼 사이넥의 '골든 서클' 이론은 이 쉽지 않은 질문에 해답의 실마리를 제공한다.

사이먼 사이넥이 말하는 '골든 서클'은 세 개의 동심원으로 이루어진다. 제일 안쪽 원은 '이유Why'의 영역이다. 그 다음 원은 '방법How', 그리고 제일 바깥 원은 '결과What'다. 이 원들에 '방향'이 있다. '이유 → 방법 → 결과' 순으로 이어지는 안에서부터 바깥쪽으로의 방향이다. 이른바 위대한 리더들이 사람들의 행동을 이끌어 내는 방법을 설명해주는 그림이다.

일반적으로 사람들은 지금 내가 '무엇What을 하고 있는지' 잘 안다. 하지만 이걸 '어떻게How 해야 하는지' 아는 사람은 상대적으로 적으며, 더 나아가 이 일을 '왜Why 해야 하는지' 아는 사람은 정말 찾아보기 힘들다. 많은 직장인들이 내 일의 '이유'나 '목적'에 대한 이해 없이 주어진 일만 기계적으로 반복하는 이유다. 위대한 리더는 그래서 '결과What'가 아니라 '이유Why'를 말한다. 사람들의 마음을 열고 그들의 행동과 열정을 이끌어 내는 지점이 그 '결과What'나 '방법How'이 아니라 '이유Why'임을 알기 때문이다. 요컨대 훌륭한 리더들은 '이걸 하자, 이렇게 하자'가 아니라 '왜

Why : 믿음, 목적, 신념, 존재 이유

How : 목적과 존재를 실현하기 위한 행동

What : 행동의 결과물(제품, 서비스)

사이먼 사이넥의 '골든 서클'.
그는 '왜에서 출발하라!Start with why!' 역설한다.

'우리가 이 일을 해야 하는가'를 말함으로써 사람들의 가슴을 뛰게 한다.

지금 즉시 자문해보라. '내가 지금 이 일을 왜 하고 있나? 그리고 우리 회사가 하는 이 사업은 무엇을 위한 것인가?' 이런 질문에 대해 한순간의 머뭇거림도 없이 바로 답변이 나오는 조직은 화사하니 생기가 넘친다. 반대로 이 일을 왜 하는지 그 '이유'를 모르는 상태에서 무언가를 계속 만들어내는 회사의 분위기는 어두컴컴한 회색빛이다. '이유'를 알 수 없는 '일'이 결코 행복할 수 없는 까닭이다.

이런 메커니즘은 고객을 전제로 하는 마케팅에도 오롯이 적용된다. 지금껏 기업들은 돈 될 만한 제품(혹은 서비스)을 만들어 시장에 내다파는 걸로 끝이었다. 하지만 협력, 문화, 영성을 키워드로 하는 3.0시장에서 이런 식의 마케팅은 고객의 영혼을 결코 감동시킬 수 없다. 사람들이 사는 것은 단지 눈에 보이는 '제품What'이나 '프로세스How'가 아니라 그 제품을 만드는 사람이나 회사의 '동기 혹은 신념Why'이다. '무엇을 만드 느냐'가 중요한 게 아니라 '왜 만드느냐'가 중요해진 것이다.

애플이 그 대표적인 사례다. 고객이 애플에 보냈던 열광의 종점은 애 플이 만드는 제품이라기보다는 애플이 그런 제품들을 만들어낸 이유, 즉 '혁신'이라는 경영 철학이었다. 스티브 잡스 사후 애플이 잇따라 내놓은 신제품에 '혁신'이 안 보인다며 법정이 아니라 시장에서 싸우라며 공개 적으로 애플과의 절연을 선언하는 칼럼니스트가 나오는 것도 그래서다. 사이먼 사이넥이 "이유Why에서 출발하라"고 역설하는 이유다.

경영, 이제는 제품과 서비스 차원의 싸움이 아니라 비즈니스를 통해 어떤 세상을 만들고 싶은 것인지 신념과 동기를 바탕으로 하는 철학의 싸움이다. 바야흐로 기업의 경영 철학과 이념을 보고 지갑을 여는 세상. 지속적인 진정성이 고객의 영혼을 울리고 감동받은 그들이 다시 회사의 팬이 되는 세상. 이런 기업의 경영 철학이 고객과 직원의 마음을 울리는 차별화 포인트가 된다.

"'마케팅 3.0'은 사람들의 영혼spirit에 호소하는 것입니다. '환경에 신경 쓰고 사회에 동정심을 보여주는 기업이라면 내게 특별한 혜택을 주지 않더라도 그냥 좋다', 이렇게 생각하는 것이 요즘 소비자들입니다. 현명한 기업들은 그런 소비자들에게 다가서고 있는데 이것이 바로 '마케팅 3.0'입니다. 이런 기업이 되려면 품성character과 진정성authenticity 그리고 배려하는 마음caring을 조직의 DNA에 심어야 합니다."

3.0시장에서의 마케팅이란 관점에서 곱씹어야 할 필립 코틀러의 말이다.

:: 마케팅 3.0기업, 이런 게 달라요!

▼ 내가 필요한 고객이 아니라 나를 필요로 하는 고객!

그렇다면 3.0시장과 맥을 같이하는 마케팅 3.0기업이 되려면 어떻게 해야 할까? 첫 번째가 나를 필요로 하는 고객에게 다가가는 일이다. 지금까지 기업들이 찾은 고객은 우리 기업을 필요로 하는 고객이 아니라 우리 기업이 필요로 하는 고객, 즉 돈이 되는 고객들이었다. 그러나 이제는 달라져야 한다. 어떤 고객이 우리 기업의 도움이 절실히 필요로 하는지를 살펴 그들에게 다가가 손을 내밀어야 한다. 고객을 위하는 진정성은 거기서부터 시작된다.

▼ 비싼 가격이 아니라 적정한 가격에 훌륭한 제품!

적정한 가격에 훌륭한 제품을 제공하는 것도 중요하다. 지금껏 기업들은 막대한 예산을 R&D(연구 개발)에 투자하여 새로운 기술을 장착한 신제품들을 만들어냈다. 엄청난 연구 개발 투자 비용이 들어갔으니 가격은 당연히 비쌀 수밖에 없었다. 그러다 경쟁사들이 비슷한 제품을 만들어 내면 그제야 가격이 내려간다. 경영 교과서들에 나오는 일반적이고 상식적인 전략이다. 그러나 이제는 다르다. 훌륭한 제품을 제공하는 것은 당연한 일이다. 중요한 건 가격이다. 비싼 가격이 아니라 적정한 가격에 제품을 공급해야 한다. 예전과 달리 유리구슬처럼 투명한 세상에서 정보로 무장한 고객들은 제품의 원가구조에 대해 더 이상 장님이 아니다. 합리적인 이유가 없는 가격에 대해서는 즉각적인 비판이 가해진다.

과자의 과거와 현재

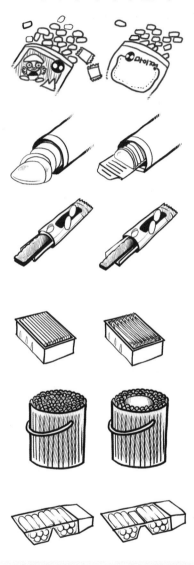

과자의 과거와 현재를 비교함으로써 기업들의 가격 인상 꼼수를 보여주는 유머 이미지다.

- 독점식품이 물가 상승 주도… 평균보다 16퍼센트 포인트 더 올려
- 대기업 식품엔 거품 잔뜩… 반값 PB 제품 인기몰이

업계를 독점하고 있는 대기업 식품 업체들의 횡포와 다를 바 없는 가격 결정에 언론사들이 취재한 기사 헤드라인들이다. 예전 같으면 일부 몇몇 독자들만 보고 말았을 이런 기사들도 이젠 '카페트'를 통해 퍼져 나간다. 인기 제품 값은 올리고 비인기 제품 값은 동결하거나 낮추는, 가격은 그대로 두고 용량만 줄이는 식의 눈 가리고 아웅하는 꼼수들은 이제 소비자들이 촘촘하게 쳐놓은 네트워크 그물망을 빠져나가지 못한다. 오죽하면 국내 과자업계의 과대포장 문제를 지적하기 위해 '과자 뗏목'으로 한강 횡단에 나서는 사람이 나올까? 최근 많은 소비자들이 수입산 과자들로 눈길을 돌리는 데에는 다 이유가 있다.

▼ 소비자가 원할 때면 언제, 어디서든!

앞서 얘기했던 것처럼 한동안 변호사 분들을 대상으로 마케팅 교육을 정기적으로 진행했었다. 그러다 보니 강의가 끝나고 명함을 교환할 일들이 많았다. 그러다 놀라운 사실을 발견했다. 간혹 명함에 본인의 휴대폰 번호가 없는 분들이 있어서였다. 관점에 따라 다를 수 있지만 변호사란 고객에게 법률적 지식을 포함하여 변호와 안심이라는 무형의 가치와 서비스를 파는 사람이다. 변호사는 변론을 팔고 의사는 치료와 처방을 판다. 선생님은 학생들이 주의를 집중해야 할 가치 있는 지혜와 통찰을 파는 것이다. 이제 직업이 무엇이든지간에 무언가를 팔고 있는 세상이란

의미다. 그렇다면 고객이 있는 모든 채널에 나의 연락처를 만들어 보여 줘야 하는 건 마케팅의 가장 기본적인 자세다. 그런데 명함에 휴대폰 번호가 없다는 건 어떤 의미일까? 실제 본인 소유의 휴대폰이 없어서일까? 만약 그게 아니라면 이는 전쟁터에 나가는 군인이 귀찮고 번거롭다고 총을 놓고 가는 격이나 다름 아니다.

모든 게 고객 중심이어야 한다. 앞서 소개했던 재포스닷컴의 콜센터는 24시간 운영된다. 최근 밤늦게까지 일하는 사람들이 늘어나는 등 고객들의 라이프스타일이 급변함에 따른 결정이다. 실적이 뛰어난 영업 사원의 명함엔 이메일 주소와 휴대폰 번호뿐만 아니라 트위터, 페이스북 등 다양한 소셜미디어의 아이디까지도 적혀 있다. 다시금 강조하지만 고객이 원할 땐 언제든 나를 찾을 수 있게 해야 한다.

♥ 나의 지갑이 아니라 고객의 성장!

고객이 아니라 친구라 했다. 고객은 더 이상 설득이나 공략의 대상이 아니라 행복하게 해주고 성장하고 발전시켜줘야 할 파트너이자 친구다. 고객을 도와 그가 잘되면 잘된 고객은 다시 나를 찾는다. 진정성이 빚어내는 선순환의 고리다. 고객이 잘되어야 나도 잘된다. 고故 최인호 작가의 소설 『상도』에도 나왔다. 작은 장사꾼은 이문을 남기고 큰 장사꾼은 사람을 남긴다 했다. 눈앞의 작은 이익에 연연할 일이 아니다. 고객이 힘들어하는 것, 고객이 불안해하는 것, 고객이 불편해하는 것을 찾아 해결해주어야 한다. 고객이 나로 인해 더 성장하고 더 발전해야 한다.

♥ 정치에만 대의명분? 사업에도 대의명분!

일본에는 경영의 3대 신이 있다. 혼다 그룹의 창업자 혼다 소이치로, 마쓰시타 그룹의 창업자 마쓰시타 고노스케 그리고 교세라 그룹의 창업자 이나모리 가즈오가 그들이다. 혼다 회장과 마쓰시타 회장은 작고하였지만 이나모리 회장은 아직 살아 있다. 이미 은퇴하였으나 몇 년 전, 일본항공 JAL의 회생을 도와달라는 일본 총리의 부탁으로 1차 파산을 한 일본항공을 맡아 1년 만에 흑자 전환, 2년 8개월 만에 주식시장 재상장 등 극적인 회복을 일구고 다시 재야로 돌아갔다. 그의 그런 경영은 최근 『이나모리 가즈오 1,155일간의 투쟁』이란 책으로 엮여 나오기도 했다. 왜 그를 경영의 신이라 일컫는지 보여주는 단적인 예다.

그러나 놓쳐서는 안 될 부분이 있다. 이들이 단지 실적만으로 '경영의 신' 대우를 받는 게 아니라는 것이다. 이들의 경영에는 철학이 있었다. 예컨대 대부분의 기업 경영자들이 신규 사업 진출을 결정할 때 따지는 건 예상매출과 손익이다. 하지만 이나모리 회장은 달랐다. 그는 늘 대의명분을 따졌다.

> **❝** 이 사업을 우리가 하면 고객은 뭐가 좋아지는 거지? 100원을 내야 누릴 수 있던 서비스를 우리가 하면 50원에 제공 가능한 건가? **❞**

비전이나 경영이념, '그게 다 무엇에 쓰는 물건인고?' 반문하며 오로지 매출만 좇는 회사. 그 회사의 모든 제도나 시스템은 단 하나의 지표,

매출을 위해서만 작동한다. 직원들 역시 수익 실현을 위한 조직의 부속품일 뿐이다. 우리 회사의 업이 뭔지, 왜 이런 비즈니스를 하는지, 이런 비즈니스를 통해 어떤 세상을 만들고 싶은 건지 전혀 모른 채 주어진 일만 관성적으로 하는 직원들. 그들이 진행하는 업무에 영혼이 담길 리 없다. 이나모리 회장이 주목한 것도 이 부분이다. 우리 회사가 얼마나 돈을 더 벌 수 있냐의 문제가 아니었다. 우리가 이 사업을 함으로써 고객은 어떤 이점을 누릴 수 있느냐가 관건이었다. 직원과 고객의 가슴을 뛰게 만드는 경영 철학은 그런 것이다.

1. 시장의 변화
- 1.0시장 : 필요에 의한 실용적 소비
- 2.0시장 : 욕구에 의한 감성적 소비
- 3.0시장 : 신념에 의한 도덕적 소비

2. 3.0시장
착한 기업에 열광한 착한 소비자들이 함께 만들어가는
착한 성공의 메커니즘

3. 3.0시장의 세 가지 키워드 : 협력, 문화, 영성
- 협력 : 죠리퐁의 숫자를 세다
- 문화 : 북극곰의 미래를 걱정하다
- 영성 : 창의와 진정성을 논하다

3. 고객이 아니라 친구! – 맹자의 측은지심을 되살려야
고객은 설득하거나 공략해야 할 제로섬 게임의 파트너가 아니라
행복하게 만들어줘야 할 윈윈 게임의 파트너

4. 3.0시장에서의 마케팅 전략 방향성
진정성을 바탕으로 고객의 영혼을 감동시켜라

5. 3.0시장, '왜'에서 출발하라
- 고객이 원할 때는 언제나
- 고객의 성장과 발전
- 대의명분이 있는 사업 목적

4부
진정성
리스타트!

1장

진정성,
차가워진
고객의
마음을 열다

:: 진정성 오남용 시대

앞서 우리는 3.0시장과 진정성을 바탕으로 고객의 영혼을 감동시켜야 하는 3.0시장에서의 마케팅 전략 방향성에 대해 살펴보았다. 마케팅은 이제 비즈니스 철학의 문제이자 삶의 방식 차원으로 진화하고 있다. 그 결과 진정성이란 단어 역시 새롭게 부상하고 있는 요즘이다. 사실 진정성이란 단어는 기업의 경영마케팅 현장에선 쉽게 찾아볼 수 없던 단어였다. 죽이지 않으면 죽을 수밖에 없는 처절한 마케팅 전쟁터에 진정성이란 단어는 결코 어울리지 않는 너무나 감상적인 개념이었다. 그랬던 진정성이 이젠 경영이나 마케팅만의 이슈가 아닌 우리네 삶의 곳곳으로 침투해 들어왔다.

얼마 전, 어느 포털 사이트에 '진정성'이란 단어를 검색해서 나온 뉴스 결과 페이지를 본 적이 있다. 〈나는 가수다!〉 프로그램에 나왔던 어느 가수가 1회 만에 총알 탈락했지만 '진정성을 보여준 시간이었기에 후회 없다'라고 인터뷰한 기사도 보였고, '소비자가 기업 평가하는 트리플 미디어 시대에 마케팅 키워드는 '진정성''이라고 발표한 어느 기업의 뉴스도 눈에 띄었다. 그런데 재미있는 건 그 아래 기사들이었다. 드라마에 컴백하는 어느 여배우가 머리를 단발머리로 자른 이유에 대해 진정성을 보여주고 싶었기 때문이라는 인터뷰 기사 내용 말이다. 단발머리가 진정성과 도대체 무슨 연관이란 말인가?

이제는 사랑만큼이나 여기저기 얼굴을 들이미는 진정성이지만 우리가 이야기하고 있는 진정성은 앞서 살펴보았던 경쟁사 사이트를 알려주는 재포스나 혼자서 13미터짜리 작은 배에 사는 톰스슈즈 CEO의 진정성이다.

:: 예능에 눈물짓는 까닭은?

〈무한도전〉'레슬링 특집' 편.
보는 이들의 가슴을 뭉클하게 한 명장면의 연속들이었다.

MBC의 예능 버라이어티 프로그램인 〈무한도전〉이 국민 프로그램으로 자리 잡은 지도 꽤 오래 전이다. 예능 버라이어티라는 장르를 새롭게 개척하며 지금까지 진행했던 수백 가지의 도전. 그중에서도 레슬링에 전혀 문외한이던 멤버들이 이런저런 부상을 입으면서도 근 1년간 피나는 레슬링 연습을 하여 장충체육관에서 실제 프로 선수들의 경기를 방불케 하는 투혼의 명장면들을 만들어냈던 레슬링 편은 그야말로 백미였다. 마지막 순간엔 제대로 서 있지도 못할 정도로 탈진한 상태. 그 상태에서 그들은 서로 부둥켜안고 서로를 부축하며 관객들을 향해 인사했다.

또 하나, 깊은 울림을 주었던 에피소드 조정 편. 역시 조정의 '조' 자도 모르던 멤버들이 한여름 뙤약볕 아래서 그리고 비바람 몰아치는 태풍 속에서도 무려 7개월간 힘든 연습을 이어나간다. 그러고 참가한 국제대회. 가지고 있는 모든 것을 다 쏟아부으며 마지막 결승선을 통과할 때의 모습은 지금도 잊히지 않는다. 물론 〈무한도전〉 팀의 대회 결과는 꼴찌다. 7개월 연습한 초보자가 순위권에 든다면 그 자체가 말이 안 되는 것. 하지만 그들은 최선을 다했다. 감동이다.

〈무한도전〉을 계속 시청한 사람이라면 그들의 동작 하나하나에 몰입하지 않을 수 없었을 것이다. 그들이 그 시합을 위해 흘렸던 땀과 감수했

예능이 이렇게 감동적일 수 있음을 보여준 〈무한도전〉 '조정 특집' 편.
출연자들의 진정성이 돋보인 방송이었다.

던 고통들을 두 눈으로 직접 보며 심정적으로나마 그들과 함께 시합을 준비했기 때문이다. 수많은 시청자들이 그 방송들을 보며 눈물을 흘렸다. 동료로서 서로를 챙겨주며 시청자를 위해 1년 가까이 실제 몸을 던져가며 연습하던 그들의 진정성에 감동했기 때문이다.

언제부터인가 이런 예능 프로그램들을 보며 눈물을 흘리는 일이 많아졌다. 〈무한도전〉뿐만 아니라 〈1박2일〉이 그렇고 〈남자의 자격〉이 그랬다. 웃으려고 보는 TV 프로그램들이 자꾸 우리의 눈물샘을 자극한다. 그럼에도 자꾸 찾아보게 된다. 〈무한도전〉, 〈남자의 자격〉 등 폭발적 인기와 감동을 줬던 프로그램들을 관통하는 단어는 바로 이 '진정성'이었다. "24시간 찍어 5분 나가지만 24시간이 리얼해야 5분이 리얼하다"는 당시 KBS 〈남자의 자격〉 신원호 PD의 말은 TV 프로그램 제작에서도 이제는 얄팍한 포장이 아니라 진정성에 의한 영혼의 울림이 훨씬 중요함을 일깨워준다.

:: 김병만은 왜 오늘도 거꾸로 매달려 있을까?

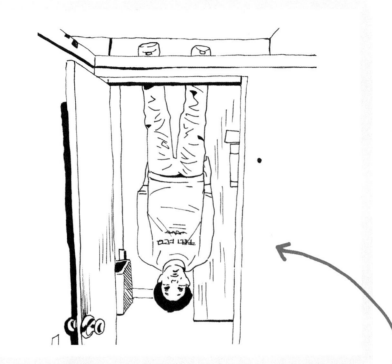

개그맨 김병만의 24시간은 늘 무언가 이런 연습의 연속이다. 그가 진정한 '달인' 인 이유다.

지금은 막을 내렸지만 일주일에 단 5분 방송되던 KBS〈개그콘서트〉의 달인 코너. 처음엔 달인을 어설프게 흉내 내는 캐릭터였던 김병만은 이젠 그 자체가 바로 달인이다. 자신의 코너에 대한 열정과 진정성 때문이다. 매주 관객들을 웃기기 위해 그는 외줄타기 명인에게서 줄 타는 법을 배우고, 물구나무서기, 외발자전거 타기, 거품 아트 등 다양한 세계에 직접 뛰어들었다. 아이디어도 아이디어지만 일에 대한 악착같은 그의 열정이 그를 진짜 달인의 반열에 올려놓았다.

> ❝ 처음엔 재미있었는데 가면 갈수록 무서워졌어요.
> 다음에는 또 무엇을 연습해 나올까, 기가 질리기
> 시작했습니다. ❞

김병만에 대한, 달인 코너에 대한 동료 개그맨들의 말이다. 달인 코너의 5분 방송을 위해 김병만의 24시간은 늘 무언가에 대한 연습의 연속이었던 셈이다. 바쁜 스케줄 속에서도 피겨스케이트를 신고 새벽까지 땀흘려 연습을 하던 그의 모습, 머나먼 정글까지 가서 사실은 나도 무서웠다며 울음을 터트리던 그의 모습을 보며 시청자들은 감동했다. KBS 연예대상 최우수상에 이어 2013년 SBS에서의 연예대상 수상은 늦은 감이 있다는 의견이 많았던 이유다.

능동적인 감독자 시민이 기업 경영에 진정성을 요구하는 마켓 3.0시대! 이젠 TV 프로그램도 화려한 화장에 감추어진 얼굴이 아니라 진솔한 민낯을 그대로 보여주고 있다. 이른바 리얼 버라이어티, 꾸밈없는 그 모습이 시청자들의 영혼을 울린다. 진정성이 대세다!

:: 손님이 돈으로 보이면 사업은 끝!

> "한 여자 손님이 회사에서 일을 끝내고 파마를 하러 온 적이 있었다.
> 다 끝나니 밤 12시가 됐다. 손님 혼자 보내려니 불안해서 안 되겠더라.
> 버스 정류장까지 함께 가서 버스 타는 걸 보고야 가게로 돌아왔다.
> 마음으론 집까지 데려다주고 싶었지만….
> 그렇게 손님을 진심으로 대한다는 걸 손님들도 아는 것 같았다.
> 손님이 돈으로 보이면 사업은 그 순간 끝나는 거다."

전국에 100개가 넘는 직영 매장을 운영하고 있는 '준오헤어' 강윤선 대표의 말이다.

강윤선 대표는 가난한 집에서 자랐다. 그냥 가난한 게 아니었다. 서울 변두리 빈민촌 무허가 판잣집에서 자랐으니 찢어지게 가난했다. 기술만 있으면 굶어 죽지는 않겠다 싶어 배운 게 미용이었다. 그렇게 처음 열었던 동네 작은 미용실이 지금은 2,500여 명의 직원들과 함께하는 글로벌 미용기업으로 우뚝 섰다.

비결은 여러 가지가 있었을 터다. 하지만 역시 중요한 건 진정성. 많은 사람들이 사업하려면 약아빠져야 한다고 생각한다. 하지만 강 대표는 손님을 그저 돈벌이 대상으로 보지 않았다. 어릴 적 깜깜한 방에 쪼그리고 앉아 일하러 나가신 부모님을 밤늦게까지 기다리는 게 일이었던 그에게 사람은 늘 목마름이었다. 그런데 미용실을 하니 항상 사람들과 함께할 수 있어서 너무나 좋았다고 말하는 그다. 손님을 진심으로 좋아하는 이유다. 그러니 밤늦은 시간 파마를 마치고 돌아가는 젊은 여자 손님을 그냥 보낼 수 없었을 것이다.

그런 강 대표의 마음과 배려가 손님들의 입을 타고 전해지고 건네졌다. 시간이 갈수록 단골이 늘어난 건 결코 행운이나 우연이 아니었다.

'손님이 돈으로 보이면 그 순간 사업은 끝'이라 역설하는 강윤선 대표는 사람을 키웠다. '헤어 아카데미'를 설립하여 미용계 인재사관학교를 자처하며 기술뿐만 아니라 서비스 철학과 마인드를 갖춘 인재를 길러냈다. 총 30개월간 110학점을 이수해야 준오헤어의 정식 헤어 디자이너가 될 수 있는 강도 높은 프로그램이다. 고객의 영혼을 울리는 준오헤어의 감동 서비스는 그렇게 만들어진다. 그러니 준오헤어 소속 1,200여 명의 헤어 디자이너 중 연간 1억 이상의 수입을 올리는 사람이 200명을 넘는 것도 그리 이상할 게 없다.

강윤선 대표의 꿈은 해마다 억대 수입을 올리는 직원 숫자를 300명 수준으로 올리는 것이다. 스스로의 업을 '피플 비즈니스People Business'라 규정하는 강윤선 대표의 행보를 보면 그리 어려운 목표만은 아닐 듯하다. 준오헤어의 이 모든 성공 과정을 관통하는 키워드 역시 '매출'이나 '이익'이 아니라 '사람'과 '진정성'이다.

:: 성심당은 빵집이 아니다, 우리의 문화다

시간대를 불문하고 늘 줄이 늘어서 있는 모습. 대전의 명물 빵집, 성심당이다. 1956년 대전역 앞에서 시작된 성심당의 전설은 작년 어느 백화점으로도 이어졌다. 서울 시내 한 유명백화점에 팝업 스토어 형태로 입점하면서 새삼 화제가 된 것이다. 물론 중요한 건 맛이었을 터다. 하지만 성심당의 전설엔 또 다른 요소가 있다. 60년째 한 달에 천만 원어치씩 빵을 기부하고 있다는 사실이다. 좋은 일을 함으로써 이미지 관리를 하겠다는 의도가 아니었다. 일종의 장인정신이었다. 그날 만들어 팔고 남은 빵들은 무조건 기부했다. 못 먹어서도 아니고 못 팔아서도 아니었다. 말 그대로 장인정신의 발로였다. 그렇게 이어져 온 빵 기부, 그 세월이 자그마치 60년이다.

대전 역사 안에 자리한 성심당 빵집 분점.
늦은 시간임에도 빵을 사려는 사람들이 길게 줄을 서 있다.

이　바닥이
좁으니 '좋은 일을 하는 빵
집'이라는 소문이 났다. **영업적**
으로 도움을 받은 것이다. 광고비
용을 안 쓰고도 알려졌다. 대전 사
람들이 '성심당은 우리의 문화'라고 좋
아한다. 손님이 몰려오니까 유지되는
것이다. 결과적으로 빵을 공짜로 준 게 아
니다. **베풀면 백배로 돌아온다.**
눈앞에　보이는　것만
이익이 아니다.

성심당 임영진 대표의 말이다. 대형 프랜차이즈 때문에 동네 빵집들이 힘들다고 한다. 하지만 성심당은 오늘도 순항 중이다. 물론 보이지 않는 물 아래 두 발은 쉼 없이 발버둥을 치고 있을 것이다. 거기에 60년째 이어오는 빵에 대한 진정성이 더해져 오늘의 성심당을 지탱하고 있다.

최근 폐업을 선언한 크라운베이커리는 한때 800여 개의 프랜차이즈 매장을 거느렸던 굴지의 대형 빵집이었다. 하지만 소비자들의 입맛과 소비자들의 생각은 언제나 냉정하고 옳다. 그들은 눈앞에 보이는 것만 이익이 아님을 알고 있던 성심당의 손을 들어줬다. 물론 짧은 순간 지켜본 게 아니다. 60년을 이어져 온 성심당의 진정성에 고객은 이제 지갑으로 투표한다.

:: 1년에 BMW 300대를 파는 그 남자의 비결은?

말이나 되는가? 1년에 BMW 300대 판단다. 100대도 아니고 200대도 아니고 무려 300대다. 스파크나 아반떼 같은 차들도 아니고 럭셔리 고급차의 대명사 BMW다. 일 년이 365일이니 대략 매일 한 대씩 BMW를 팔았다는 이야기다. 코오롱모터스의 '2012 판매왕'이었던 김정환 차장의 이야기다. 서울이나 경기도 같은 큰 시장도 아니고 부산 대연동 전시장을 중심으로 일군 성과다. 그에게 차를 구입한 고객도 법인이 20퍼센트에 개인 고객이 80퍼센트니 실적 구성도 알차다. 올해 14년차 딜러인 김정환 차장은 한창 물(?)이 올랐을 때는 한 달에 80건의 계약을 체결하기도 했고 하루에 8대의 차를 판 적도 있단다. 실로 어마무시한 실적이다.

40대의 미혼남인 김정환 차장에게 많은 사람들이 그 비결을 물었을 것은 불문가지. 그러나 그의 대답은 듣는 이들의 기운을 빠지게 한다. 고객과의 약속은 무조건 지키는 게 비결이라면 비결이란다. 내 실수로 수백만 원을 손해 보더라도 고객에게 안내한 대로 지켰다는 이야기다. 인터넷 홍보나 고객들의 생일을 챙기는 것보다는 상담을 진실하게 하는 게 더 중요하더라는 이야기도 덧붙인다. 게다가 다른 브랜드 차들도 얼마든지 타보고 결정하시라 권유한단다. 그게 다란다. 이 얼마나 맥 풀리는 대답인가.

영어 공부에는 왕도가 없다더니 영업도 마찬가지다. 고객을 위하는 진정성이 답이다. 모르는 사람은 없다. '아는 것이 힘'이 아니라 '하는 것이 힘'인 이유다.

1년에 BMW 300대를 파는 남자, 김정환 차장.
특유의 진정성으로 일구어낸 그만의 성과다.

김정환 차장은 판매 실적을 별로 신경 쓰지 않는다고 말한다. 몇 대를 팔았는지, 판매왕도 몇 번을 수상했는지 기억도 잘 못한다. 게다가 말도 어눌하다. 세련된 제스처 또한 남의 이야기다. 수줍은 듯한 말투와 내성적인 성격, 순박한 외모가 오히려 경쟁력이라는 주변의 평들은 그래서 나온다. 고객에게 거짓말 안 하고 자신이 손해 보더라도 끝까지 약속을 지킨 덕분이라 말하는 김정환 차장의 연간 수입은 세전 4억을 조금 넘는 수준이다. 진정성의 값이다.

그런 측면에서 『내 얘기를 들어줄 단 한 사람이 있다면』의 저자, 조우성 변호사의 말은 많은 걸 시사한다.

"처음 변호사를 시작할 때 내가 생각한 변호사의 모습은 검투사였다. 의뢰인을 위해 열심히 싸워 이겨주는 거다. 다른 무엇보다 중요한 건 승부였다. 그러나 변호사 생활을 직접 겪으며 생각이 바뀌었다. 변호사는 승부사가 아니라 동행자여야 한다. 이렇게 생각해보자. 어떤 사람이 깜깜한 동굴에 갇혀버렸다. 어디가 앞인지 어디가 뒤인지 당최 출구가 보이지 않는 막막하고 두려운 상황이다. 그런 사람이 변호사를 찾아온다. 이때 변호사는 어떤 말을 건네야 할까? '힘들겠지만 저랑 같이 한번 출구를 찾아봅시다'가 정답이 아닐까? 물론 가이드라고 백 퍼센트 출구를 찾을 수는 없다. 하지만 이리저리 장애물을 극복해나가며 함께 출구를 찾아간다. 조력자다. 이런 동행자로서의 모습이 변호사로서 제대로 된 모습이 아닐까?"

이런 게 진정성이다. 소송에서 이겨 스타가 되겠다는 마음이 아니라 힘들고 막막한 의뢰인의 따뜻한 동행자가 되겠다는 마음 말이다. 승부에 집착하는 변호사는 의뢰인의 하소연을 들어줄 마음의 여유가 없다. 승부에 필요한 정보만이 가치가 있을 뿐이다. 하지만 함께 길을 찾아가는 가이드로서의 변호사는 의뢰인의 말에 몸을 숙여 귀 기울인다. 경청이다.

전문가 마케팅 역시 이렇게 고객의 영혼을 울리는 진정성이 그 출발점이다.

:: 어느 로펌의 상생철학 – 공익을 위하여

2017년이면 법률시장도 완전 개방되어 조만간 국경 없는 변론 전쟁이 벌어진다. 게다가 급속도로 늘어나는 변호사 숫자 또한 이제 고객의 눈높이에 맞는 새로운 고객가치를 만들어내지 못하면 고객의 선택을 받을 수가 없는 세상임을 알려주는 지표다. 의료업계도 다르지 않다. '의료 쇼핑'이라는 말이 그냥 나오는 게 아니다. 죽을병에 걸려 대학병원 등을 찾는 경우가 아니라면 보다 친절하다든지 보다 깨끗하다든지 하는 나름의 기준에 맞는 병원을 골라 간다. 그 결과 기술과 디자인 수준의 평준화가 이루어지면서 진정성을 통한 고객 가치 창출이라는 기업 경영의 화두가 고소득 전문직군의 영역으로도 오롯이 이어지고 있다. 최근 고소득 전문직이라 알려졌던 변호사, 회계사, 의사, 한의사 등의 직종에서도 마케팅

세계적인 로펌 오멜버니&마이어스의 서울사무소 개소식은 이처럼 중고등학생 후원식과 함께 진행되었다.

강의에 대한 수요가 점차 늘어나는 배경이다. 마케팅은 이제 업종과 직종을 불문하고 누구나 알아야 할 삶의 교양이라는 필자의 주장이 점차 힘을 얻고 있는 것이다.

얼마 전 국내에 새롭게 사무소를 연 세계적인 로펌 '오멜버니&마이어스'는 개소식에서 새터민 청소년 학교인 한겨레 중고등학교 학생 10명을 미국에 초청하는 후원식을 가졌다. 흔히 볼 수 있는 광경은 아니다. 이에 대한 오멜버니&마이어스 측의 대답이다.

"오멜버니&마이어스가 소송만큼 중시하는 것이 바로 '프로보노Pro Bono'다. 라틴어로 '공익을 위하여'라는 뜻의 프로보노는 미국 변호사들이 경제적 여유가 없는 개인이나 단체에 무보수로 법률 서비스를 제공하는 것을 뜻한다.

새터민 어린이들의 미국 초청도 프로보노의 일환으로 진행하는 것이다. 오멜버니&마이어스에게 소송만큼 중요한 것이 지역사회와의 소통이고 지역사회의 발전에 기여하는 것이다."

놀라운 대답이다. 거기다 덧붙여지는 또 하나의 놀라운 사실. 이 오멜버니&마이어스라는 로펌에는 '공익변론' 담당 변호사란 직책이 있다. 지난해엔 소속변호사의 70퍼센트가 공익변론을 했단다. 128년 전통의 오멜버니&마이어스는 미국만이 아니라 전 세계 공익변론에 앞장서왔다.

새터민 학생들의 미국 초청을 포함한 이 모든 활동들이 단순히 이미지 관리 차원에서의 생색내기 식 사회공헌 활동일까? 그럴 수도 있다. 그러나 128년 세월 동안 생색내기 식의 활동을 할 수는 없었을 터다. 이 회사만의 철학이 반영된 진정성의 결과임을 인정하지 않을 수 없다. 일반적인 로펌, 변호사 사무실이란 데에 대한 기존의 인식을 많이 뒤집는, 실로 착한 로펌이다.

:: 우리 병원, 수첩이 무기입니다

법조계에 오멜버니&마이어스의 예가 있다면 의료계에는 대전 선병원이 있다. 작지만 강한 지방 병원으로 알려진 병원이다. 외국인환자 유치 증가율이 3년 평균 390퍼센트로 전국 1위를 기록했다. 국내 대형 종합병원 100여 군데가 견학을 오기도 했던 병원이다. 과연 비결이 뭘까?

선병원에서는 수첩이 무기다. 모든 간호사들이 수첩을 들고 다니면서 환자가 이야기하는 모든 것을 적는다. 크고 중요한 이슈뿐만 아니라 작고 소소한 것까지 그야말로 환자의 모든 것을 적는다. 조명이 너무 밝아 눈이 부시다든지, 베개가 너무 높아 잠자기가 불편하다든지, MRI 검사할 때 헤드폰에서 나오는 소리가 너무 크다라든지, 이 모든 환자의 한마디 한마디를 수첩에 적는다. 그러고 나서 자리에 돌아오면 수첩에 적은 내용들을 컴퓨터에 입력한다. 그러면 각각의 환자들에 대한 방대한 데이터가 쌓이게 된다.

예컨대 베개가 너무 높다고 불평했던 환자가 다음번에 입원할 때는 그 환자의 베개는 이미 낮은 것으로 바뀌어 있다. 조명도 마찬가지다. 환자의 요청에 따라 현장에서 바로 수정 개선이 되는 걸로 끝나지 않고 다음번에는 이미 개별 환자 맞춤형으로 모든 것들이 세팅되는 것이다. 세상에 하나뿐인, 나만을 위한 병원이 그렇게 만들어진다.

66 적어두면 환자가 말한 내용을 잊어버릴 일도 없고 환자가 싫어하는 일은 절대 반복하지 않으며 만족하는 내용은 계속해서 서비스를 극대화할 수 있어요. 환자 본인조차 모르고 있던 잠재적 질병을 찾아내는 데도 큰 도움이 되고요. 99

이종범 신경외과 수간호사의 이 말은 선병원의 철학을 웅변한다. 3시간 기다려 3분 진료를 받아야 하는 여타 종합병원들과는 차원이 다른 서비스다. 호기심에 찾아 들어간 홈페이지 첫 화면에 '환자의 편의를 위해 최첨단 CT, MRI 검사를 '휴일'에도 합니다' 란 문구가 걸려 있다. 병원이 아니라 환자를 먼저 생각하는 마음이다.

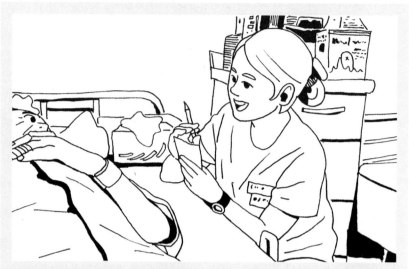
선병원의 한 간호사가 침대에 누워 있는 여성 환자와 이야기를 나누고 있다.
보이기 위해 연출했겠거니 생각하지 말자. 관건은 바로 우리의 진정성이다.

다른 병원에서는 찾아볼 수 없는 직책도 있다. 이른바 'CCO_{chief Client} _{Officer}'라 하여 최고고객담당자다. 이들은 온종일 환자들을 따라다니며 그들이 불편해하는 것을 매의 눈으로 찾아낸다. 병원에만 가면 왠지 모르게 작아지는 게 환자다. 환자들이 병원에 대해 불평불만 하는 건 매우 어려운 일이다. 그들을 위해 CCO가 환자의 입장에서 병원의 문제점을 찾아낸다.

그러니 외국 병원들에서도 앞다퉈 선병원을 찾아온다. 현지 병원 설립에 모든 비용을 댈 테니 선병원의 병원 경영 노하우만 알려달란다. 로열티를 내겠다는 제안이다. 2014년 2월 보건복지부가 실시한 응급의료기관 평가에서 100점 만점을 받으며 전국 최고 수준을 인정받은 것도 결코 우연이 아니다.

:: '착한 기업' 경쟁, 뜨거운 불이 붙었다

자, 이쯤 되니 진정성도 스펙이다. 착한 기업에 열광하는 착한 소비자들을 본 많은 기업들이 '착한 기업 코스프레'에 한창이다. 2002년 1조 원에 그쳤던 기업들의 사회공헌 지출액은 2011년 3조 원을 넘어섰다. 사회봉사 활동 건수도 2004년 572건 대비 2011년엔 2천 건을 넘어섰다.

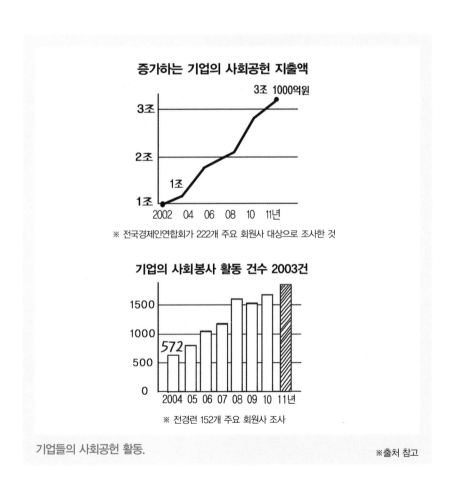

기업들의 사회공헌 활동.   ※출처 참고

그러나 고객들의 평가는 싸늘하다. 2013년 여름, 전국의 성인남녀 1,035명을 대상으로 한 제일기획의 조사결과에 따르면 국내 기업들의 사회공헌 활동에 대해 불과 28퍼센트만이 긍정적인 평가를 하고 있다. 무려 72퍼센트의 소비자들이 다양성이 부족하다라든지, 기업들의 생색내기용이라든지, 기업의 성격과는 맞지 않는 활동이라는 이유를 들어 부정적인 평가를 하고 있는 게 현실이다. 사회적 공헌 활동을 하는 기업의 이

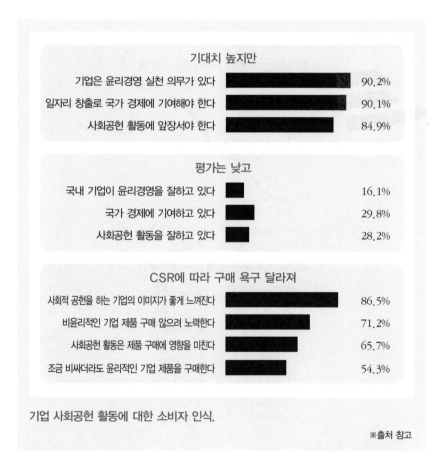

기대치 높지만

기업은 윤리경영 실천 의무가 있다	90.2%
일자리 창출로 국가 경제에 기여해야 한다	90.1%
사회공헌 활동에 앞장서야 한다	84.9%

평가는 낮고

국내 기업이 윤리경영을 잘하고 있다	16.1%
국가 경제에 기여하고 있다	29.8%
사회공헌 활동을 잘하고 있다	28.2%

CSR에 따라 구매 욕구 달라져

사회적 공헌을 하는 기업의 이미지가 좋게 느껴진다	86.5%
비윤리적인 기업 제품 구매 않으려 노력한다	71.2%
사회공헌 활동은 제품 구매에 영향을 미친다	65.7%
조금 비싸더라도 윤리적인 기업 제품을 구매한다	54.3%

기업 사회공헌 활동에 대한 소비자 인식.

※출처 참고

미지를 더 좋게 받아들이고(86.5퍼센트), 비윤리적인 기업의 제품은 구매하지 않으려 노력하며(71.2퍼센트), 조금 비싸더라도 윤리적인 기업의 제품을 구매하는(54.3퍼센트) 소비자들. 그들은 바보가 아니다. 단기간의 전시성 사회공헌 활동과 오랜 기간 쌓인 진정성의 활동들을 면밀하게 구분하고 있다. 관건은 기업의 사회공헌 활동에 담긴 진정성이다.

2장

마케팅은
삶이다

:: 선조들의 인생철학, 지금의 마케팅이 되다

3.0시장과 진정성이란 화두는 기업 경영과 마케팅의 많은 걸 바꾸어 놓고 있다. 지금껏 이익은 모든 기업의 지상최대의 목표이자 과제였다. 하지만 이제 두 번째로 밀렸다. 매출이나 이익 자체가 관건이 아니라는 걸 많은 기업들이 깨닫기 시작한 것이다. 이른바 '이익 제2주의'다. 선의후리先義後利, 의로움을 앞세우니 이익은 뒤에 따라온다는 말이다. 자리이타自利利他, 남을 이롭게 함으로써 내가 이로워진다는 불교 용어다. 덕본재말德本財末, 대학에 나오는 말이다. 덕은 도를 닦는 근본이며 재물은 말단이라는 뜻이다. 이렇듯 수백 년 전, 수천 년 전 동양 고전에서 이야기하던 삶의 철학들이 지금의 경영마케팅 현장에 오롯이 들어맞는다. 이 모두가 어떻게 살 것이며 사람들을 어떻게 대할 것인가에 대한 철학의 담론이다. 마케팅이 우리네 삶 그 자체이며 업종과 직종을 불문하고 누구나 알아야 할 삶의 교양이라 필자가 감히 이 책에서 주장하는 이유가 바로 여기에 있다.

그렇다면 앞서 살펴보았던 마케팅의 전략적 개념들인 시장세분화와 타기팅, 포지셔닝과 브랜드와 차별화 따위는 이제 잊어도 되는 것일까? 고객을 위하는 진정성 하나면 뭐든 다 되는 것일까? 물론 그렇지 않다. 우리가 결코 잊어서는 안 될 부분은 기업은 사회복지기관이 아니라는 점이다. 그냥 퍼주라는 이야기가 아니라 '착한 이윤'을 만들라는 이야기다. 단지 착한 일을 하는 조직이어서는 기업으로서 영속할 수 없다.

또 다른 이유도 있다. 무 자르듯 어제까지는 2.0시장이었고 오늘부터

이익 제2주의 利益 第2主義
선 의 후 리 先 義 後 利
자 리 이 타 自 利 利 他
덕 본 재 말 德 本 財 末

예전 동양고전에서 이야기하는 삶의 철학이 3.0시장에서의 마케팅 전략 방향성으로 이어진다.

3.0시장이 시작되는 게 아닌 것처럼 3.0시장은 하나의 거대한 흐름이자 트렌드다. 2.0시장과 3.0시장이 오버랩되고 있는 지금, 2.0시장에서의 전략적 개념들을 모두 던져 버린 채 진정성 하나만으로는 기업의 성장과 성공을 보장할 수 없다는 얘기다. 포인트는 기존의 전략적 개념들을 바탕으로 하되 나만의 진정성을 더해 시장의 변화에 따른 요소들을 적극적으로 껴안아야 한다는 점이다.

2012년 11월 방한한 『마켓 3.0』의 저자 필립 코틀러가 어느 비즈니스 포럼에서 강연을 했다. 강연 후 진행된 Q&A 시간에 날아든 질문 하나.

"아직 많은 사람들이 착한 기업의 수익 창출 효과에 의문을 품고 있습니다. 진짜 착해서 돈을 잘 버는 건가요? 돈을 잘 벌어서 착한 일을 많이 하는 건 아닐까요? 그 선후와 인과 관계에 대한 설명이 혹시 가능할는지요?"

아주 날카로운 질문이다. 눈 감으면 코 베어갈 이 비즈니스 전쟁터에서 착한 걸로 어떻게 돈을 벌 수 있느냐는 묵직한 돌직구인 셈이다. 이에 대해 돈을 잘 버는 기업이 잘 베푸는 것인지, 아니면 잘 베푸는 기업이 잘 버는 것인지는 닭이 먼저냐 달걀이 먼저냐와 같은 이슈라는 게 이어진 필립 코틀러의 대답이다. 통계상 많이 베푸는 기업일수록 실제로 더 많은 수익을 내더라는 결과치도 덧붙였다. 잘 쓰는 것과 잘 버는 것 사이에 상관관계가 있다는 말이다. 보다 많은 통계치가 축적된다면 상관관계가 아니라 인과관계까지도 밝혀질 것이란 예측이 가능하다. 결국 기업들은 보다 현명하게 돈을 쓰는 방법을 고민하고 그에 대한 결단을 내려야 한다는 게 필립 코틀러의 조언인 셈이다.

:: 마케팅 3.0과 자본주의 4.0, 그 행복한 밀월 관계

 IT 기술의 발전으로 사람들은 기업에게 좋은 고용주, 착한 판매자가 될 것을 요구하고 있다. 트위터와 페이스북 같은 소셜미디어들 또한 기업에게 투명한 경영을 요구하고 있다. 사람들은 소셜을 통해 기업에 대해 좋건 나쁘건 가리지 않고 모든 소식을 다른 사람들과 공유할 수 있는 시대가 온 것이다. 이것이 과연 어떤 의미일까? 회사의 직원과 소비자, 투자자들이 기업의 윤리적인 행동에 상을 주거나 벌을 줄 수 있는 능력을 갖게 된 것이다. 한마디로 능력자의 탄생이다. 이런 능력자들이 전 세계에 퍼져 있다. 그 결과 우리는 '사회적 가치'를 중시하는 시대를 살게 되었다. 직원과 소비자를 가족처럼 여기는 그런 착한 회사만이 살아남을 수 있는 것이다.

 3.0시장과 그에 따른 마케팅 전략의 방향성에 대해 더 많은 전문가들과 연구기관들이 한 목소리를 내고 있다. 얼마 전 '위대한 기업을 지속 가능하게 만드는 힘'이라는 부제가 붙은 책 『굿 컴퍼니, 착한 회사가 세상을 바꾼다』는 위대한 기업을 넘어 착한 기업으로의 도약을 외친다. 경쟁사보다 10배 많은 이익과 매출을 낸다고 해서 위대한 기업이 아니라는 주장이다. 심지어 '착한회사지수'를 만들어 우리 주변의 기업들을 평가할 수 있는 방법론까지 제시한다. 기업에 대한 직원과 소비자의 객관적인 평가, 처벌과 벌금형을 받은 기업 분석 자료, 과도한 경영진 보수 지급 내역, 자선 활동 등 방대한 자료 분석을 기반으로 개발된 '착한회사지수'는 기업의 미래를 결정하는 선행지표로서도 손색이 없다. 실제로 기업들

의 주가를 분석해보니 '착한 기업'들의 주가가 훨씬 강세를 보이더라는 어느 투자자문회사 CEO의 칼럼도 세상을 바꾸고 있는 '굿컴퍼니'의 힘을 보여준다.

물론 반대의 경우도 많다. '루미아920'이라는 새 스마트폰을 출시했던 노키아가 손떨림 보정 기능을 광고하면서 실제로는 DSLR 카메라로 촬영한 장면을 내보냈다가 고객의 역풍을 맞은 사례가 대표적이다. 스마트폰 경쟁에 뒤쳐져 고전하던 노키아의 야심작이었던 루미아920은 정보력 강한 똑똑한 소비자들이 찾아낸 사실에 완전히 묻혀버렸고 소셜을 통해 일파만파 퍼져나간 노키아에 대한 불신 여론에 결국 업계의 공룡 노키아는 천천히 스러져갔다. 비슷한 예로 얼마 전 국내 언론과 소셜 미디어를 후끈 달아오르게 했던 '컵라면 상무'와 '장지갑 회장'의 얘기는 이제 새삼스럽지도 않다.

그럼에도 불구하고 아직도 많은 기업들은 손바닥으로 해를 가리며 변하고 있는 시장을 애써 외면하거나 그 변화에 적응하지 못하고 있다. 제품에 치명적인 결함이 있음에도 고객들이 알아차릴 때까지 최대한 쉬쉬하며 리콜을 미루는 자동차 회사들, 고객들의 돈을 아무렇지도 않게 생각하며 모 그룹 계열사들의 자금 지원에 나섰다 무너지는 금융사들을 보면 안타깝기 그지없다. 세상이 어떻게 바뀌고 있는지 전혀 모르고 있는 그들이다.

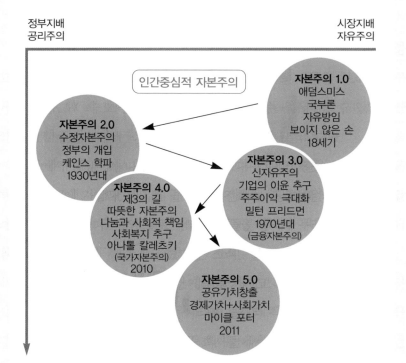

정부지배
공리주의

시장지배
자유주의

인간중심적 자본주의

자본주의 1.0
애덤스미스
국부론
자유방임
보이지 않은 손
18세기

자본주의 2.0
수정자본주의
정부의 개입
케인스 학파
1930년대

자본주의 3.0
신자유주의
기업의 이윤 추구
주주이익 극대화
밀턴 프리드먼
1970년대
(금융자본주의)

자본주의 4.0
제3의 길
따뜻한 자본주의
나눔과 사회적 책임
사회복지 추구
아나톨 칼레츠키
(국가자본주의)
2010

자본주의 5.0
공유가치창출
경제가치+사회가치
마이클 포터
2011

서울대학교 조동성 교수가 설명하는 자본주의 발전 과정.
진정성의 마케팅은 이런 거시적 시대정신과도 맥을 같이한다.

※출처 참고

최근 동반성장과 상생을 앞세우는 따뜻한 자본주의, 즉 자본주의
4.0에 대한 관심이 높다. 애덤 스미스의 그 유명한 '보이지 않는 손'으로
대표되는 자본주의 1.0은 자유방임 고전자본주의였다. 그러다 정부 주도
의 수정자본주의가 그 자리를 대체하며 자본주의 2.0시대를 연다. 1980
년대에 들어서며 미국, 영국 등이 주도한 자본주의 3.0, 시장주도 신자유

주의는 세계적인 호황을 불러왔지만 또 한편으로는 탐욕으로 얼룩진 부익부 빈익빈이라는 불편한 상황을 낳았다. 1퍼센트와 99퍼센트로 나뉜 세상이 새로운 해법으로 찾은 게 바로 동반성장과 상생의 따뜻한 자본주의, 자본주의 4.0이다. 이처럼 마케팅에서의 '3.0시장'은 이런 '자본주의 4.0'과도 궤를 같이한다. 마케팅 3.0은 단순히 마케팅에서 보다 나은 성과를 올리기 위한 전술 차원에서의 개념이 아니라 이처럼 거시적 자본주의 개념과도 맞닿아 있는 시대적 화두인 것이다. '고객이 아니라 친구'라는 말을 다시금 곱씹어 보아야 하는 이유다.

:: 수익이 아니라 가치를 경영하라

경기도 양평, 어느 시장 통에 있는 한 떡집 〈떡가다기〉는 2년 전 모 금융사의 지원으로 특별한 가게로 변신했다. 가게 이름부터 인테리어, 마케팅 전략에 이르기까지 물고기가 아니라 물고기 잡는 방법이 전수되었다. 현대카드가 진행하는 '드림실현 프로젝트'의 일환이다.

신세계 그룹은 경기도 광주시 경안천의 수질 개선과 생태 공원 조성에 나섰다. 유통회사가 뜬금없이 웬 수질 개선이냐는 물음에 "환경 개선이야말로 우리 고객을 위한 일이고 기업이 더 큰 차원의 사회공헌을 하는 것"이라는 대답이 돌아온다.

또 다른 사례 하나. 어느 기업의 임직원들을 위한 월례 명사 특강 현장. 그런데 자사 임직원뿐만 아니라 제휴사, 파트너사 임직원들의 모습도 눈에 띈다. 파트너사 임직원들에게까지 강연 현장의 문을 활짝 열어놓은 것이다. 이른바 지혜의 나눔을 통한 상생 경영이다. 사무실에는 파트너사들을 위한 별도의 사무 공간과 회의, 세미나 공간, 심지어 소지품 보관을 위한 라커까지 마련하여 언제든 무료로 사용할 수 있게 했다. 규모가 작은 파트너사들을 위해 인사, 세무, 법무 업무도 지원한다. 국내 모그룹의 어느 IT솔루션 기업 이야기다. 이 회사는 고객지원팀이라는 별도의 조직까지 만들어 자사의 B2B파트너 회사들을 위해 다양한 지원 프로그램을 가동 중이다. 이미지 관리를 위한 생색내기 식의 동반성장이 아니라 혼자서는 멀리 갈 수 없다는, 패러다임의 대전환에 진정성 어린 방점을 찍는다.

기업의 사회적 책임. 지금껏 매출에, 수익에 목을 매던 많은 기업들이 이제 동시대를 살아가는 '기업 시민'으로서 사회공헌 활동에도 열심이다. 99퍼센트가 아닌 1퍼센트에 속해 있다 여겨지던 이런 기업들-특히 대기업들-의 솔선수범은 우리 사회의 '상생 온도'를 높여준다.

그러나 불편한 진실! 아직도 많은 기업들이 봉사 활동을 포함한 '사회책임경영'을 '비용'으로만 인식하고 있는 게 사실이다. 그나마 참여하는 기업들도 마치 밀린 세금 내듯이 마지못해 하고 있다는 게 봉사나 복지 현장 관계자들의 전언. 지금도 그들에게 '사회책임경영'은 남의 시선 때문에 등 떠밀려 해야 하는 의례적인 행사인 것이다.

이 와중에 사회공헌 활동도 중요한 변곡점을 맞고 있다. 이른바 '공유가치경영CSV : Creating Shared Value'으로의 진화다. 기존의 '사회책임경영CSR : Corporate Social Responsibility'이 기업의 사회공헌을 이익 창출과 무관한 '시혜'적 활동으로만 간주했던 것과는 달리 '공유가치경영'은 사회공헌을 기업의 장기적인 경쟁력 향상을 위한 '투자'로 인식한다. 기업의 이익인 경제적 가치와 공공의 이익인 사회적 가치를 별개가 아니라 하나의 틀로 보는 것이다.

예컨대 협력업체 직원들에 대한 교육 투자가 그렇다. 우리 회사 직원도 아닌, 협력업체 직원들을 위한 교육. 일견 쓸 데 없는 돈 낭비인 듯한 이런 활동을 통해 협력업체로부터 공급받는 부품과 자재의 품질이 올라가고 불량률도 낮아진다. 결과적으로 우리 회사의 수익률이 올라가게 되는 것이다. 이렇듯 소상공인의 몰락, 자원의 고갈, 공해, 물 부족, 자연보호 등의 사회적 이슈들을 기업의 원가 상승 요인으로 인식하고 이를 줄이는 데 적극 나서는 게 바로 '공유가치경영'이다. '사회공헌 활동'의 '자본주의 4.0'판 업그레이드 버전이랄까. 이 모든 게 협력, 문화, 영성을 키워드로 하는 3.0시장과 맞닿아 있다.

물론 기존의 사회공헌 활동으로 대표되던 사회책임경영$_{CSR}$을, 공유가치경영$_{CSV}$을 포함하는 더 큰 개념으로 이해하고 해석하는 시각도 있다. 하지만 그 논란은 어찌 보면 학계의 몫이다. 마케팅을 공부하고 이해하고 행하는 입장에서 중요한 포인트는 '가치'다. 해당 기업만의 작은 이익이 아니라 사회 전체적인 가치 창출을 통해 함께 더 먼 곳을 향해 어깨 걸고 나아가자는 것이 핵심이다.

마음에도 없는 사회공헌 활동으로 생색내던 시절은 이제 끝났다. 상생경영, 동반성장의 3.0시장이다. 기업의 이익과 사회 전체의 이익을 지혜롭게 조화시키는 기업이 살아남는다. 3.0시장에서의 기업 전략은 그래서 다음 이 말들에 다 들어 있다.

마케팅은 삶이다!
고객이 아니라 친구다!
진정성을 바탕으로 고객의 영혼을 감동시켜라!
가치를 경영하라!

보통마케터가 전하는 〈마케팅 리스타트〉의 핵심 메시지다.

[4부 핵심 정리] 진정성 리스타트!

1. 진정성의 예능 – 예능에 눈물짓다
"24시간 찍어 5분 나가지만 24시간이 리얼해야 5분이 리얼하다"

2. 진정성의 경영 – 아딸 케이스
"이제 기업가는 지극히 도덕적이어야 하고 인격적으로 존경 받는 사람이 돼야 합니다."

3. 진정성의 경영 – 성심당 케이스
"결과적으로 빵을 공짜로 준 게 아니다. 베풀면 백배로 돌아온다. 눈앞에 보이는 것만 이익이 아니다"

4. 진정성의 경영 – BMW 세일즈 케이스
"고객과의 약속은 무조건 지켰습니다"

5. 전문가의 진정성
마케팅 → 이익이 아니라 고객 → 상생 철학의 로펌, 수첩이 무기인 병원

6. 착한 기업이 세상을 바꾼다
'착한 기업 코스프레'가 아닌 진정성 있는 사회공헌 활동이 중요

7. 마케팅은 어떻게 살 것인가, 고객을 어떻게 대할 것인가 하는 삶의 철학의 문제!
이익 제2주의, 선의후리, 자리이타, 덕본재말

8. 사회공헌 활동과 공유가치 경영, 관건은 역시 진정성!
가치를 경영하라

보통마케터가 전하는
보통마케팅

1.

'보통마케터'는 무슨 의미냐고 많은 이들이 묻는다. 어느 날 우연히 백지영의 '보통'이란 노래를 듣게 되었다. 백지영 특유의 애절한 보이스 컬러가 돋보이는 노래. 그런데 내 귀를 더 사로잡은 건 가사였다. '보통'이란 익숙한 단어가 만들어내는 그 낯선 의미. 그래서 가사를 찾아보았다

"보통이면 정말 충분하다고 보통만 해달라고 / 남들처럼 보통만큼만 사랑해주면 된다고 / 그게 뭐가 그리 어려운 건지 / 맨날 내 가슴 다 찢어놓더니 / 떠난 뒤에도 왜 이렇게 괴롭혀 / 보통만도 못한 사람"

깨달음이었다. 이 노래 가사처럼 '보통'이라는 개념의 귀하고 소중함을 나는 너무 간과하고 있었다. 그 '보통'이 안 되어서 상처받고 힘들다는 노래 가사를 들으며 '보통'이란 단어가 주는 '최소한의 수준'이란 의미를 떠올렸다. 이른바 '보장'의 개념이다

'보통'이란 단어로 표현하고자 했던 또 하나의 의미는 '친근함, 편안함'이다. 외국계 유명 컨설팅펌 혹은 글로벌 기업에서 한창 잘나가는 최고의 마케터에게 우리는 뭔가 거리감을 느낀다. 한국어가 아니라 마치 영어로 대화해야 할 듯한 느낌이랄까? 부럽기는 하지만 불편하다. 하지만 '보통마케터'라면 얘기가 좀 달라진다. 주변에서 쉽게 만날 수 있고 편하게 이야기 나눌 수 있는 친근한 사람이 된다. 내가 정의하는 '보통마케터'는 그래서 '언제나 기본 이상은 하는, 편하고 친근한 마케터'다. 영원히 '보통마케터'이고자 하는 이유다.

2.

얼마 전 치과 업계의 마케팅 자문과 관련하여 서울대학교 치과 병원엘 간 적이 있다. 거기서 우연히 눈에 들어온 스탠딩 배너에는 이런 문구가 적혀 있었다.

설명을 잘 해주는 서울대학교 치과 병원.
알아듣기 쉽고 정성 어린 설명을 하겠습니다!

마케팅, 어떻게 보면 별것 없다. 병원에 갔을 때 친절하고 자세한 설명을 듣는 것, 이게 그렇게 어려운 걸까? 고객이 원하는 건 이토록 단순하다. 그럼에도 우리는 '고객 만족'을 부르짖으며 국내외의 최신 경영 이론과 마케팅 논문을 뒤적인다. 그러나 어려운 용어와 이해할 수 없는 개

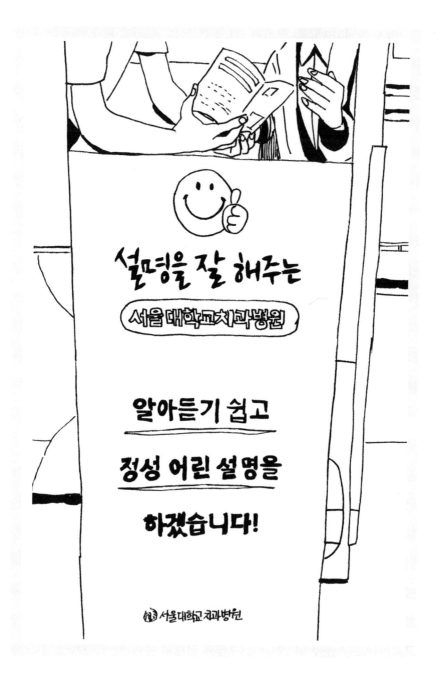

넘들이 난무하는 교과서들 속에서 우리는 방향을 잃고 헤맨다. 그래서 '보통마케터' 가 큰맘 먹고 나섰다.

마케팅에 대한 이야기를 하고 싶었다. 하지만 이야기 방식은 다르게 가져가야 한다고 생각했다. '말하기telling' 가 아니라 '보여주기showing' 의 방식을 택한 건 그래서다.

'세상이 아름답다' 는 걸 보여주려면 그걸 보여주어야 한다. 내가 소리치거나 주장한다고 세상이 아름다워지지는 않는다. 마케팅 이야기도 마찬가지다. 마케팅이란 건 고객을 행복하게 해주는 것임을, 마케팅은 결코 어렵지 않음을, 마케팅은 고객을 어떻게 대할 것인가 하는 철학의 문제로서 이제 누구나 알아야 할 삶의 교양임을 아무리 외쳐봐야 별 무소용이라 생각했다. 그래서 목소리를 한껏 낮추고 많은 사례들을 들었다. 직관적인 이해가 가능하도록 이미지도 시원시원하게 넣고 가독성을 높였다. 딱딱하고 어려운 마케팅이 아니라 우리 일상 속에 살아 숨 쉬는 말랑말랑한 마케팅을 보여주고 싶었다. 취재와 자료 정리, 글쓰기에 근 1년 가까운 시간이 걸렸다. 보통마케터 안병민의 『마케팅 리스타트』는 누가 알아주건 안 알아주건 그런 노력의 결과물이다.

3.

주사위는 던져졌다. '진인사대천명盡人事待天命' 이라 했다. '진인사' 는 하지 않고 '천명' 만 기다리는 사람들이 문제긴 하다. 하지만 내 나름 '인사' 를 다했다 자부한다. 강의와 자문을 수행하며 연재하고 있는 이런저런 잡문들을 쓰면서도 따로 또 시간을 쪼개고 또 쪼갰다. 하루에 신문만 다섯 종류를 읽고, 인터넷의 바다를 헤치고 다니며 이런저런 관련 도서들을 읽고, 강의들을 쫓아다니며 취재하고 수집한 자료들이 한가득이다. 그래서 수줍게 선보이는 책 『마케팅 리스타트』!

시장은 늘 냉정하고 고객은 항상 옳다. 그래서 무섭다. 그 무서움을 누구보다 더 잘 알기에 서늘한 비판과 함께 따뜻한 애정과 격려의 목소리도 함께 들을 수 있었으면 하는 게 저자이기 이전에 한 인간으로서의 솔직한 바람이다.

이 책을 손에 든 독자 제위의 삶이 마케팅에 대한 영감과 통찰로 가득하기를 기도한다.

- p.19 completelyseriouscomics.com

- p.25 www.youtube.com

- p.27 www.youtube.com

- p.54 휴넷 www.hunet.co.kr

- p.67 인터브랜드 www.interbrand.com

- p.78 www.youtube.com

- p.89 blog.daum.net/dydsolution/55

- p.124 일동제약 인쇄광고

- p.125 한스브링커버짓호텔 인쇄광고 /지식채널e home.ebs.co.kr.jisike

- p.137 www.youtube.com

- p.139 www.youtube.com

- p.145,146 모닝글로리 온라인쇼핑몰 www.mgstore.co.kr

- p.152 류민희 원장 『류민희 원장의 주름성형이야기』

- p.154 가루다항공 신문광고

- p.159 www.youtube.com

- p.172 www.youtube.com

- p.191 필립 코틀러 『마켓 3.0』(원제: Marketing 3.0)

- p.203 www.youtube.com

- p.207 〈조선일보〉 2013년 6월 18일자 기사

- p.217 파타고니아 인쇄광고 www.patagonia.com

- p.231 다나와 www.danawa.com

- p.232 닐슨 컴퍼니

- p.271 전국경제인연합회

- p.272 제일기획

- p.280 ⓒ조동성 2012

- 김근배 저 | 『컨셉 크리에이터』 | 책든사자 | 2009
- 홍성태 저 | 『모든 비즈니스는 브랜딩이다』 | 쌤앤파커스 | 2012
- 우노 다카시 저 | 『장사의 신』 | 쌤앤파커스 | 2012
- 이랑주 저 | 『살아남은 것들의 비밀』 | 샘터 | 2014
- 문영미 저/박세연 역 | 『디퍼런트』 | 살림Biz | 2011
- 정재윤 저 | 『나이키의 상대는 닌텐도다 : 미래시장을 읽는 8가지 트렌드』 | 마젤란 | 2006
- 필립 코틀러 저/안진환 역 | 『마켓 3.0』 | 타임비즈 | 2010
- 블레이크 마이코스키 저/노진선 역 | 『탐스 스토리 : 착한 아이디어가 이루어 낸 특별한 성공이야기』 | 세종서적 | 2012
- 이시즈카 시노부 저/이건호 역 | 『아마존은 왜? 최고가에 자포스를 인수했나 : 토니 셰이 성공 스토리』 | 북로그컴퍼니 | 2010
- 토니 셰이 저/송연수 역 | 『딜리버링 해피니스 : 재포스 CEO의 행복경영 노하우』 | 북하우스 | 2010
- 이본 쉬나드, 빈센트 스텐리 공저/박찬웅 공역 | 『리스판서블 컴퍼니 파타고니아』 | 틔움 | 2013
- 김성오 저 | 『육일약국 갑시다 : 나는 4.5평 가게에서 비즈니스의 모든 것을 배웠다!』 | 21세기북스 | 2013
- 게리 바이너척 저/최선영 역 | 『SNS 마케팅, 구멍가게 마인드가 정답이다』 | 지식의날개 | 2011
- 다니엘 핑크 저/김명철 역 | 『파는 것이 인간이다』 | 청림출판 | 2013
- 이경수, 신현숙 공저 | 『착한 성공 : 동네 떡볶이집에서 1000호점 프랜차이즈 기업으로, "아딸 성공의 비밀"』 | 민음인 | 2012
- 조우성 저 | 『내 얘기를 들어줄 단 한 사람이 있다면 : 뚜벅이 변호사 조우성 이 전하는 뜨겁고 가슴 저린 인생 드라마』 | 리더스북 | 2013
- 오니시 야스유키 저/송소영 역 | 『이나모리 가즈오 1,155일간의 투쟁 : 재생

불능 진단을 받고 추락하던 JAL은 어떻게 V자 회복을 했나』| 한빛비즈 |
2013

• 로리 바시, 에드 프라운헤임, 엔 맥무러, 래리 코스텔로 공저/퓨처디자이너스
역 |『굿 컴퍼니, 착한 회사가 세상을 바꾼다 : 위대한 기업을 지속가능하게
만드는 힘』| 틔움 | 2012

보통마케터 안병민의
마케팅 리스타트
ⓒ 안병민, 2015

1판 1쇄 2015년 1월 30일
1판 6쇄 2018년 6월 5일
ISBN 978-89-97263-86-4

지은이. 안병민
펴낸이. 조윤지
마케팅. 유환민
디자인. 최영진
내지일러스트. 비치라코믹스
외주기획. 출판기획전문 (주)엔터스코리아

펴낸곳. 책비
출판등록 제215-92-69299호
주소. 13591 경기도 성남시 분당구 황새울로 342번길 21 6F
전화. 031-707-3536
팩스. 031-624-3539
이메일. readerb@naver.com
블로그. blog.naver.com/readerb

'책비' 페이스북
www.FB.com/TheReaderPress

책비(TheReaderPress)는 여러분의 기발한 아이디어와 양질의 원고를 설레는 마음으로
기다립니다. 출간을 원하는 원고의 구체적인 기획안과 연락처를 기재해 투고해 주세요.
다양한 아이디어와 실력을 갖춘 필자와 기획자 여러분에게
책비의 문은 언제나 열려 있습니다. readerb@naver.com